Toto Louis LUKUSA

LE SECRET DIVIN POUR UN EPANOUISSEMENT TOTAL

Toto Louis LUKUSA

LE SECRET DIVIN POUR UN EPANOUISSEMENT TOTAL

Éditions Croix du Salut

Imprint

Cover image: www.ingimage.com

Publisher:
Éditions Croix du Salut
is a trademark of
Dodo Books Indian Ocean Ltd. and OmniScriptum S.R.L publishing group

120 High Road, East Finchley, London, N2 9ED, United Kingdom
Str. Armeneasca 28/1, office 1, Chisinau MD-2012, Republic of Moldova, Europe
Printed at: see last page
ISBN: 978-620-3-84606-5

LE SECRET DIVIN POUR UN EPANOUISSEMENT TOTAL

Toto Louis LUKUSA

A PROPOS DE L'AUTEUR

Le prophète Toto Louis LUKUSA est né à Kinshasa (RDC) dans une famille de 11 enfants dont il fut 6ème. Il commença le service de Dieu dans son pays la RD Congo ou il dirigea une église qu'il avait lui-même fondé six ans plutôt. Après son mariage avec sa tendre épouse FAÏDA FUMA, ils se sont déplacés pour le Congo Brazzaville suite à une vision du Seigneur.

Actuellement il représente l'Eglise Apostolique Semence de Vie du Congo au Cameroun. Sous l'égide de l'Apôtre BOUKA Joseph. Installé au Cameroun, il porte une vision qui est celle de guérir les nations par la parole de Dieu. Et Dieu confirme cette vision en accordant des signes et des prodiges à son ministère.
Sa femme et lui sont bénis avec trois enfants.

SOMMAIRE

SOMMAIRE…………………………………………………...…3

DEDICACE……………………………………..…………5

CHAPITRE 1: PARTICIPANT DE LA NATURE DIVINE…..….6

CHAPITRE 2: LE CHOIX NECESSAIRE……………………...11

CHAPITRE 3: LA CLE DU SUCCES………………………...19

CHAPITRE 4 : LA FOI DE SENEVE…………………………24

CHAPITRE 5: LE STYLE DE VIE………………………..…...32

CHAPITRE 6: L'HUMEUR…………………………………...37

CHAPITRE 7: JE SUIS L'ETERNEL QUI TE GUERIT……...46

CHAPITRE 8: L'ESPRIT SUPERIEUR……………………......52

CHAPITRE 9: FAIRE DU BIEN A SOI-MEME…………...….58

CHAPITRE 10: LES ANGES PROTECTEURS………………62

NB : Toutes les citations bibliques de ce livre sont tirées de la version Louis Second de la Bible, sauf autrement statué.

Tél (+237) 696 473 818 – 678 238 259
E-mail : toto.louis2007@gmail.com

DEDICACE

Je veux dédier ce livre à tous ceux qui aspirent à l'épanouissement divin. Ma prière est qu'ils puissent y trouver quelques choses qui les conduiront aux pieds du bon berger, dont l'intervention est véritablement source de vie.

Jean 10:10 dit: *le voleur ne vient que pour voler, égorger et détruire; moi je suis venu afin que les brebis aient la vie et qu'elles soient en abondance.*

Je loue et je remercie mon cher Saint-Esprit sans qui aucune de ces vérités précieuses ne nous serait accessible.

Je veux également exprimer ma reconnaissance à ceux qui m'ont aidé à le réaliser.

Tout d'abord j'aimerai remercier mon épouse Faïda pour son soutien, je veux exprimer ma profonde reconnaissance à Madame Bell Massoussi Rose, Mathurin Soppa, Alice Delphine Banoun et à Isabelle Noubissi, qui ont travaillé pour la correction des manuscrits.

Que l'honneur et la gloire revienne au Tout Puissant Dieu, le maître du ciel et de la terre.

CHAPITRE 1:
PARTICIPANT DE LA NATURE DIVINE

Ne te prends pas pour un sage, révère l'Eternel et détourne-toi du mal.
Ce sera une bonne médecine qui t'assurera la santé du corps et la vitalité de tout ton être. Proverbe 3:1 ; 7-8. V. Semeur
Dieu est sa parole. Et sa parole assure la bonne santé, Car c'est sa nature.

La foi. *Pendant qu'ils naviguaient, Jésus s'endormi. Un tourbillon fondit sur le lac, la barque se remplissait d'eau, et ils étaient en péril. Ils s'approchèrent et le* La nature : est un mot polysémique, qui a plusieurs sens fondamentaux. Ce mot vient du latin natura signifiant, ce qui existe depuis la naissance

Comme sa divine puissance nous a donné tout ce qui contribue à la vie et la piété, au moyen de la connaissance de celui qui nous a appelés par sa propre gloire et par sa vertu, lesquelles nous assurent de sa part les plus précieuses promesses, afin que par elles vous devenez participant de la nature divine, en fuyant la corruption qui existe dans le monde par la convoitise. 2 Pierre 1:3- 4

QUELQUES CARACTERISTIQUES DE LA NATURE DE DIEU

La sainteté. Pierre a vécu à l'époque du Seigneur, et il témoigne en disant : *Lui qui n'a point commis de péché, et dans la bouche duquel il ne s'est point trouvé de fraude ; lui qui injurié, ne rendait point d'injures, maltraité, ne faisait point de menace, mais s'en remettait à celui qui juge justement. 1Pierre 2 :22-23*

La vérité. . Au commencement était la parole, et la parole était avec Dieu, et la parole était Dieu. Jean 1:1 Sanctifie-les par la vérité : ta parole est la vérité. Jean 17:17

Le miracle. *Homme Israelites, écoutez ces paroles ! Jésus de Nazareth, cet homme à qui Dieu a rendu témoignage devant vous par les miracles, les prodiges et les signes qu'il a opérés par lui au milieu de vous, comme vous le savez vous-même. Actes 2 :22*

La compassion. *Le Seigneur, l'ayant vue, fut ému de compassion pour elle, et lui dit : ne pleure pas. Luc 7 :13*

L'amour. *Que la grâce du Seigneur, l'amour de Dieu, et la communication du Saint-Esprit, soient avec vous tous ! 2 Conrinthiens13 :13*

La joie. *Ils leur dirent : Allez, mangez des viandes grasses et buvez des liqueurs doux, et envoyé des portions à ceux qui n'ont rien de préparé, car ce jour est consacré à notre Seigneur ; ne vous n'affligez pas, car la joie de l'Eternel sera votre force. Néhémie 8 :10*

La paix. *Car un enfant nous est né, un fils nous est donné, et la domination reposera sur son épaule ; on l'appellera admirable, conseiller, Dieu puissant, Père Eternel, Prince de la paix. Esaïe 9 :5*

La patience. *Croyez que la patience de notre Seigneur est votre salut, comme notre bien aimé frère Paul vous l'a aussi écrit, selon la sagesse qui lui a été donnée. Pierre 3 :15*

La bonté. *Les bontés de l'Eternel ne sont pas épuisées, ses compassions ne sont pas à leur terme. Lamentation 3 :22*

La douceur. *Moi Paul, je vous prie, par la douceur et la bonté de Christ...2 Corinthiens 10 :1*

La tempérance. *Mais le fruit de l'Esprit, c'est l'amour, la joie, la paix, la patience, la bonté, la bénignité, la fidélité, la douceur, la tempérance : Galates 5 :22*

La justice. *L'Eternel a manifesté son salut, il a révélé sa justice aux yeux des nations. Psaumes 98 :2*

La bonne santé. *Mon fils, n'oublie pas mes instructions,*
réveillèrent, en disant : Maître, maître, nous périssons ! S'étant réveillé, il menaça le vent et les flots, qui s'apaisèrent, et le calme revint. Puis il leur dit : où est votre foi ? Saisi de frayeur et d'étonnement, ils se dirent les uns aux autres : Quel est donc celui-ci, qui commande même au vent et à l'eau, et à qui ils obéissent ? Luc 8 :23-25

L'humilité. *Ayez en vous les sentiments qui étaient en Jésus-Christ, lequel, existant en forme de Dieu, n'a point regardé comme une proie à arracher d'être égal à Dieu, mais s'est dépouillé lui-même, en prenant une forme de serviteur, en devenant semblable aux hommes, il s'est humilié lui-même, se rendant obéissant jusqu'à la mort, même jusqu'à la mort de la croix Philippiens 2 :5-8*

La puissance. *Il domine éternellement par sa puissance, ses yeux observent les nations : que les rebelles ne s'élèvent pas ! Psaumes 66 :7*

La réussite. *Le chef de la prison ne prenait aucune connaissance de ce que Joseph avait en main, parce que l'Eternel était avec lui. Et l'Eternel donnait de la réussite à ce qu'il faisait. Genèse 39 :23*

Je préfère m'arrêter ici, en ce qui concerne les caractéristiques de la nature de Dieu, parce qu'elles sont non exhaustives. Quand nous lisons le livre de 2 Pierre 1:3-4, nous comprenons que sa gloire et sa vertu, nous assurent de sa part les plus grandes et les plus précieuses promesses, afin que par elles nous devenions participants de la nature divine. La version Semeur dit : Il a voulu, par ses dons, vous rendre conforme à ce que Dieu est.

Conforme ; veut dire, exactement ou semblable. Les plus précieuses promesses, sont ses propres paroles. Par sa parole, nous participons à sa nature. C'est-à-dire, ses paroles nous rendent semblable à ce qu'il est.
Elle est venue chez les siens, et les siens ne l'ont point reçus. Mais à tous ceux qui l'ont reçue, à ceux qui croient en son nom, elle a donné le pouvoir de devenir enfants de Dieu, lesquels sont nés, non du sang, ni de la volonté de l'homme, mais de Dieu. Jean 1:11-13

Dans la version française courant, le verset 13 dit *: Ils ne sont pas devenus enfant de Dieu selon la nature humaine, comme on devient enfant d'un père terrestre; c'est Dieu qui leur a donné une nouvelle vie.*

Car vous êtes nés à une vie nouvelle, non d'un homme mortel, mais d'une semence immortelle : la parole vivante et éternelle de Dieu. 1 Pierre 1:23(V Semeur)
Nous sommes nés de Dieu en Jésus-Christ, c'est-à-dire, de la parole de Dieu. Et nous avons en tant que fils de Dieu, part à sa nature. Nous avons tout ce qu'il faut pour vivre comme Dieu sur la terre.

Celui qui est né de Dieu ne s'adonne pas au péché, car la vie qui vient de Dieu a été implantée en lui et demeure en lui, il ne peut pas continuer à péché, puisqu'il est né de Dieu. 1 Jean 3:9(V. Semeur).

La bible n'a pas dit, la vie qui vient de Dieu sera implantée, non ! C'est un fait accompli. Il est écrit : la vie qui vient de Dieu a été implanté en nous et demeure en nous.

Il y a deux choses dans ce passage :
Premièrement, la vie divine a été implantée en nous. C'est-à-dire, lorsque nous devenons enfants de Dieu, automatiquement la nature de Dieu s'installe en nous. Gloire à Dieu ! La vie de Dieu a été établie en nous. Croyons à la parole de Dieu, car elle est la vérité.

Deuxièmement, cette vie divine demeure en nous. Demeurer, veut dire habiter. La nature divine n'a pas été seulement implanté en nous, elle est aussi permanente en nous. Cette nature habite en nous. C'est merveilleux d'être enfant de Dieu et de comprendre ces vérités. Jésus a dit : Vous connaitrez la vérité et la vérité fera de vous des hommes libres.

La naissance biologique transmet la nature humaine, et la nouvelle naissance transmet la nature de Dieu. (Nature surnaturelle). Lorsqu'une personne est née biologiquement, elle est née pécheur. C'est-à-dire, avec la nature Adamique, la nature du péché.

Je suis depuis ma naissance marqué du péché : depuis qu'en ma mère j'ai été conçu, le péché est attaché à moi Psaumes 51:7(V. Semeur)

Si par l'offense d'un seul la mort a régné par lui seul, à plus forte raison ceux qui reçoivent l'abondance de la grâce et du don de la justice régneront-ils dans la vie Romains 5:17-19 par Jésus-Christ lui seul. Ainsi donc, comme par une seule offense la condamnation a atteint tous les hommes, de même par un seul acte de justice, la justification qui donne la vie s'étend à tous les hommes. Car, comme par la désobéissance d'un seul homme beaucoup ont été rendus pécheurs, de même par l'obéissance d'un seul beaucoup seront rendus justes.

Le premier Adam nous a transmit la nature pécheresse, mais le second Adam (Jésus-Christ) nous a transmit la nature divine. Le péché d'Adam a plongé l'humanité dans une nature pécheresse. C'est pourquoi, il y a dans ce monde le péché, la maladie, et la mort, parce qu'un seul avait péché. Voilà pourquoi il a fallu que le deuxième Adam vienne nous donner une nouvelle nature, selon le plan de Dieu.

Le premier homme, formé de la poussière du sol, appartient à la terre. Le second homme appartient au ciel. Or, tous ceux qui ont été formés de poussière sont semblables à celui qui a été formé de poussière. De même aussi, ceux qui appartiennent au ciel sont semblables à celui qui appartient au ciel. 1 Corinthiens 15:47-48

Semblable, veut dire de même espèce, de même nature et similaire. Lorsqu'une personne, n'a pas encore accepté le Seigneur Jésus dans sa vie comme son Sauveur et Seigneur, cette dernière a la nature du premier Adam. Une nature qui est voué aux péchés, aux maladies, aux condamnations, aux malédictions, etc. Mais lorsqu'une personne donne sa vie à Jésus, la nature Adamique meure. Donc cesse de la contrôler, et elle reçoit directement la nature de Dieu par la foi en Jésus.

La version parole vivante dit : *Or, tous les enfants de la terre portent la ressemblance de celui qui fut, le premier, tiré de la poussière du sol ; tous sont taillés sur le modèle du premier Adam, tous sont donc terrestres. De même aussi, les enfants du ciel portent eux aussi les caractères de l'homme venu du ciel. 1Corinthiens15:47-48*

Nous portons les caractères de Christ. Gloire à Dieu ! C'est-à-dire, la nature de l'homme venu du ciel. Le deuxième Adam. Lorsque vous êtes ignorant, vous allez vivre comme n'importe qui. Vous êtes différent et spécial. La bible dit : *Tel il est, tels nous sommes aussi dans ce monde : c'est en cela que l'amour est parfait en nous, afin que nous ayons de l'assurance au jour du jugement. 1Jean 4 :17*

Lisez et méditez la bible, pour comprendre d'avantage comment il est ? C'est ainsi que vous et moi nous sommes. *Si donc quelqu'un est dans le christ, c'est une nouvelle création : l'être ancien a disparu, un être nouveau est là.. 2 Corinthiens 5:17(V. Jérusalem).*

Dans la version Louis Second, la dernière phrase dit *: Voici : toutes choses sont devenues nouvelles. Toutes choses signifient, toutes choses dans votre être extérieur qu'intérieur.* L'être ancien, c'est l'ancienne nature. Elle est morte, et à laisser la place à la nouvelle nature. La nature divine en nous, se développe par la méditation de la parole de Dieu et la vie de prière.

Lorsqu'un enfant est né, il grandit et se développe par rapport à une bonne alimentation. La parole de Dieu et la vie de prière, sont une très bonne nourriture pour notre croissance divine.

Faites avec moi cette déclaration : Je suis participant la nature divine. tel il est, tel je suis aussi dans ce monde. J'ai en moi les caractères de Dieu. Au nom de Jésus-Christ. AMEN.

CHAPITRE 2: LE CHOIX NECESSAIRE

Comme Jésus était en chemin avec ses disciples, il entra dans un village, et une femme, nommée Marthe, le reçut dans sa maison. Elle avait sa sœur, nommée Marie, qui, s'étant assise aux pieds du Seigneur, écoutait sa parole. Marthe, occupée à divers soins domestiques, survint et dit : Seigneur, cela ne te fait-il rien que ma sœur me laisse seule pour servir ? Dis-lui donc de m'aider. Le Seigneur répondit : Marthe, Marthe, tu t'inquiètes et tu t'agites pour beaucoup de choses. Une seule chose est nécessaire, Marie a choisi la bonne part, qui ne lui sera point ôtée. Luc 10:38-42

Marthe dans ce passage, était préoccupée à cuisiner pour le Seigneur Jésus, et Marie était préoccupée à écouter la parole du Seigneur. Lorsque Marthe s'inquiète du comportement de sa sœur au près du Seigneur, ce dernier apprécie plutôt l'attitude de Marie. Je crois qu'avant de faire quoi que ce soit pour le Seigneur, ou pour le servir, il est évident d'avoir une bonne relation avec sa parole.

Marie a fait le choix nécessaire, qui est d'écouter la parole de Jésus-Christ. Il est important pour vous aussi, de faire ce choix nécessaire pour la destinée de votre vie. Le choix d'écouter régulièrement la parole de Dieu, de la lire, la méditer, et d'avoir une bonne relation avec elle. Ainsi cette bonne part aussi ne vous sera point ôtée. Vous pouvez être croyant, mais n'ayant pas trop d'attachement avec la parole de Dieu. Faites aujourd'hui ce choix nécessaire et vous ne le regretterez jamais.

Selon le premier chapitre du livre de Jean, la parole de Dieu, c'est Dieu lui-même. Et cette parole se trouve dans la bible. La bible n'a pas été inspirée par un homme, mais par Dieu lui-même.

Dieu dit à Jérémie : *Prends un livre, tu y écriras toutes les paroles que je t'ai dites sur Israël et sur Juda, et sur toutes les nations, depuis le jour où je t'ai parlé, au temps de Josias jusqu'à ce jour. Jérémie 36 :2.* Parlant de Moïse la bible dit *: Moïse écrivit toutes les paroles de l'Eternel... Exode 24 :4*
L'apôtre Paul dit : *Toute Ecriture est inspirée de Dieu, et utile pour enseigner, pour convaincre, pour corriger, pour instruire dans la justice 2Timothée 3:16*
C'est-à-dire, la bible comme un tout, est la parole de Dieu. L'apôtre Pierre dit *: Car ce n'est pas par une volonté d'homme qu'une prophétie a jamais été apportée, mais poussés par le Saint-Esprit que les hommes ont parlé de la part de Dieu.2Pierre 1:21*

POURQUOI FAIRE CE CHOIX NECESSAIRE ?

Le Seigneur Jésus a dit à Marthe : Marie a choisi la bonne part qui ne lui sera point ôtée. Il est dit : *Car la parole de Dieu est vivante et efficace, plus tranchante qu'une épée quelconque à deux tranchants, pénétrante jusqu'à partager âme et esprit, jointures et moelles ; elle juge les sentiments et les pensées du cœur. Hébreux 4 :12*
Vous devez faire ce choix nécessaire parce que :

LA PAROLE DE DIEU EST VIVANTE

Vivant : veut dire, plein de vie, de dynamisme.
Dans la parole de Dieu, il y a la vie même de Dieu. Jean 1:4
En elle était la vie, et la vie était la lumière des hommes.
Là où, il y a la mort, lorsque la parole de Dieu est plantée, la mort quitte pour laisser la place à la vie. C'est la lumière qui domine sur les ténèbres. La bible dit : cette vie que donne la parole de Dieu, est aussi la lumière des hommes. Gloire à Dieu !

La parole de Dieu est très nécessaire pour les êtres humains, parce qu'elle donne la vie pour éclairer leurs destinées. Cette parole vivante donne la vie au corps, à l'âme, et à l'esprit.
Car c'est la vie pour ceux qui les trouvent, c'est la santé pour tout leur corps. Proverbe 4-22
Dans le livre d'Ezéchiel trente-sept, du premier aux dixièmes versets, nous comprenons la manifestation de la vie que donne la parole de Dieu. Dans ce chapitre, Dieu transporte son serviteur en esprit et le place dans une vallée remplie d'ossements desséchés.

Il me dit : Prophétise sur ces os, et dis-leur: Ossement desséchés, écoutez la parole de l'Eternel ! Ainsi parle le Seigneur, l'Eternel à ces os : Voici, je vais faire entrer en vous un esprit, et vous vivrez ; je vous donnerai des nerfs, je ferai croître sur vous de la chaire, je vous couvrirai de peau, je mettrai en vous un esprit, et vous vivrez. Et vous saurez que je suis l'Eternel. Je prophétisai, selon l'ordre que j'avais reçu. Et comme je prophétisai, il y eut un bruit, et voici, il se fit un mouvement, et les os s'approchèrent les uns des autres. Je prophétisai, selon l'ordre qu'il m'avait donné. Et l'esprit entra en eux, et ils reprirent vie, et ils se tinrent sur les pieds : c'était une armée nombreuse.
Ezéchiel 37:4-7; 10

La parole de Dieu donne toujours la vie, là où elle est prononcée avec foi ; ces ossements desséchés ne pouvaient plus revivre encore. Mais grâce à la parole de Dieu prononcée par Ezéchiel, ses ossements ont repris vie. La parole de Dieu est source de vie. Elle donne l'espérance à ceux dont l'espérance est détruite, et elle donne la vie à ceux qui sont dans les ténèbres.

Jésus a dit : *C'est l'esprit qui vivifie ; la chair ne sert de rien. Les paroles que je vous ai dites sont esprit et vie. Jean 6 :63* Peut-être vous vous posez la question de savoir : comment expérimenter la vie que donne la parole de Dieu ? C'est simple, faites ce que Dieu a ordonné à Ezéchiel de faire. Il lui dit : *Prophétise sur ses os, et dis-leur ossements desséchés, écoutez la parole de l'Eternel !*

Dieu voulait qu'Ezéchiel prononce la parole de Dieu sur les ossements desséchés. Donc qu'il confesse, qu'il déclare ce qu'il a dit sur eux. Dieu n'a pas dit qu'il confesse les paroles des ancêtres, ou des hommes. Parce que les paroles de ces derniers ne sont pas vie et esprit, et ne peuvent jamais donner la vie. Mais qu'il confesse la parole de Dieu, parce qu'elle est source de vie.

Apprenez à déclarer la parole de Dieu, dans votre vie, votre travail, vos études, votre ministère, votre famille, votre commerce, votre santé, vos projets, etc. Au verset sept d'Ezéchiel trente-sept, il est écrit : *Je prophétisai, selon l'ordre que j'avais reçu. Et comme je prophétisai, il y eut un bruit, et voici, il fit un mouvement, et les os s'approchèrent les uns des autres.*

A chaque fois, que la parole de Dieu est prononcée avec foi sur une vie, un quartier, une famille, ou n'importe où. Spirituellement, un processus de changement s'opère pour établir les paroles de Dieu qui sont déclarés. Quand Ezéchiel a commencé à déclarer la parole de Dieu sur les ossements, il y a un bruit, et il se fit un mouvement, et les os s'approchèrent les uns des autres. S'il y a la mort dans votre vie, famille etc... Découvrez dans la bible, ce que Dieu a dit, et déclarez sa parole avec foi. Ainsi la vie reprendra son cours, là où il y avait désespoir. La bible dit : *Je prophétisai, selon l'ordre qu'il m'avait donné. Et l'esprit entra en eux, et ils reprirent vie, et ils se tinrent sur leurs pieds : C'était une armée nombreuse, très nombreuse.(Ezéchiel 37 :10)*

LA PAROLE DE DIEU EST EFFICACE

Efficace :
veut dire, qui atteint son but, qui aboutit à des résultats utiles.
Comme la pluie et la neige descendent des cieux, et n'y retournent pas sans avoir arrosé, fécondé la terre, et fait germer les plantes, sans avoir donné de la semence au semeur et du pain à celui qui mange. Ainsi en est-il de ma parole, qui sort de ma bouche : Elle ne retourne point à moi sans effet, sans avoir exécuté ma volonté et accompli mes desseins. Essaie 55:10-11
Dans ce passage, Dieu compare l'efficacité de sa parole, au résultat que produisent la pluie et la neige sur la terre. Lorsque la pluie tombe, c'est pour un but précis : Arroser et féconder la terre, faire germer les plantes qui s'y trouvent, fournir au semeur le grain qu'il doit encore semer. C'est impensable qu'après la pluie, la terre ne soit pas mouillée. Cette eau va pénétrer aussi dans le sous sol, afin de rendre la terre fertile et faire pousser les semences qui ont été semées. La pluie est une bénédiction, de même que la parole de Dieu.

La pluie accomplir cinq buts:

- Arroser la terre
- Rendre la terre fertile
- Faire pousser les semences
- Fournir au semeur les grains
- Procurer ce qu'il faut pour manger

Car il dit, et la chose arrive ; il ordonne, et elle existe. Psaumes 33:9
La parole de Dieu est plus efficace que toute parole des hommes, des sorciers, des satanistes, même de Satan lui-même. Cette parole est la volonté même de Dieu. Et chaque parole de Dieu, a un but fixé par Dieu. Aussi longtemps que le but fixé n'est pas encore atteint, cette parole ne rentre pas à Dieu.

Quand la parole de Dieu est prononcée, elle accomplit cinq buts comme la pluie:

- Elle arrose votre vie, c'est-à-dire, vous nourrit spirituellement et vous bénit.
- Elle rend votre vie fertile sur tous les plans
- Elle fait grandir la parole de Dieu que vous avez reçue avant
- Elle vous fournit en tant que chrétien la parole de Dieu, pour semer dans la vie des autres.
- Elle vous procure une bonne nourriture spirituelle pour manger.

Jérémie a dit : *Dès que j'ai trouvé tes paroles, je les ai dévorées. Elles ont fait ma joie et mon bonheur, car je porte ton nom, o Eternel, Dieu des armées célestes. Jérémie 15 :16.V. Semeur.*

LA PAROLE DE DIEU EST UNE ARME SPIRITUELLE

Une arme : est un instrument fait pour tuer. En parlant de la parole de Dieu, dans Hébreux quatre le verset douze, il est dit : *Elle est plus tranchante qu'une épée quelconque à deux tranchants. Prenez aussi le casque du salut, et l'épée de l'Esprit, qui est la parole de Dieu. Ephésiens 6:17 Ma parole n'est-elle pas comme le feu, dit l'Eternel, et comme un marteau qui brise le roc ? Jérémie 23:29*

Tous ces passages, indiquent que la parole de Dieu est une arme spirituelle, que chaque croyant doit avoir avec lui. L'épée est une arme d'attaque qui sert à tuer l'ennemi. La parole de Dieu est une épée spirituelle qui est capable de tuer la racine d'une malédiction, condamnation, maladie…

Le feu sert à bruler les choses, ainsi la parole de Dieu fait la fonction du feu pour bruler le plan de l'ennemi. La parole de Dieu est aussi un marteau qui brise le roc. Différente du marteau du charpentier ou du menuisier.
Nous ne portons pas cette arme spirituelle à la main, comme l'arme physique. Mais nous la portons dans le cœur et nous l'utilisons avec la bouche. La parole de Dieu est une arme d'attaque. Vous devez connaitre l'autorité qu'elle vous donne, afin que si l'ennemi vous attaque, vous utilisez le bouclier qui est la foi en cette parole, et vous contre-attaquez pour vivre dans la victoire totale.

Pourquoi avoir cette arme spirituelle?

Parce qu'il est écrit: *Car nos ennemis ne sont pas de chair et de sang : Ce sont les Principautés, les Autorités, les maîtres de ce monde obscur, les forces spirituelles mauvaises du monde supérieur. Ephésiens 6:12(V. Des peuples)*

Chaque croyant né de nouveau, a ces genres d'ennemis. Voila pourquoi il faut avoir la parole de Dieu comme son arme légitime. Ce qui est merveilleux, est que sur la croix, nous avons remporté la victoire avec le Seigneur Jésus-Christ, et nous combattons dans la victoire totale.

Comment utiliser son arme spirituelle ?

C'est en la déclarant et en la pratiquant face à une attaque démoniaque ou une tentation. Le Seigneur Jésus, nous a montré un exemple.
Le diable, l'ayant élevé, lui montrant en un instant tous les royaumes de la terre, et lui dit : Je te donnerai toute cette puissance, et la gloire de ces royaumes ; car elle m'a été donnée, et je la donne à qui je veux. Si donc tu te prosternes devant moi, elle sera toute à toi. Jésus lui répondit : Il est écrit : Tu adoreras le Seigneur, ton Dieu, et tu le serviras lui seul. Luc 4:5-8
Le Seigneur a répondu, en déclarant la parole de Dieu. C'est-à-dire, ce qui est écrit. C'est important de connaitre son arme spirituelle, et sa manière d'utilisation pour vaincre les ennemis.

LA PAROLE DE DIEU EST UNE SEMENCE

La semence : est un germe d'où naît quelque chose. Le Seigneur Jésus lui-même l'a dit. *Voici ce que signifie cette parabole, la semence c'est la parole de Dieu. Luc 8:11*
La parole de Dieu, est un germe qui donne naissance à des grandes choses dans votre vie. Celle-ci, est le lieu pour semer cette parole propice.

Premièrement, La parole de Dieu est une semence de la vie éternelle.
Car vous êtes nés à une vie nouvelle, non d'un homme mortel, mais d'une semence immortelle : la parole vivante et éternelle de Dieu.
1 Pierre 1:23 (V. Semeur)

Deuxièmement, elle est une semence pour l'épanouissement, la santé, la délivrance, la guérison, la prospérité, la longévité, la protection, le succès, le bien être, etc.

Une semence est appelée à être semée dans une bonne terre

Enfin la semence tombée dans la bonne terre, ce sont ceux qui, ayant écouté la parole, la retiennent dans un cœur honnête et bien disposé. Ils persévèrent et aussi porte du fruit. Luc 8:15 (V. Semeur). Dans ce passage nous comprenons que nous somme le lieu, où la semence doit être semée. Je prie que vous soyez une bonne terre au nom de Jésus-Christ.

Tant que la terre subsistera les semailles et la moisson, le froid et la chaleur, l'été et l'hiver, le jour et la nuit ne cesserons point. Genèse 8:22

Aussi longtemps que durera la terre, il y aura un certain nombre de phénomènes qui ne cesserons point. Tels que :

- Les semailles et la moisson
- Le froid et la chaleur
- L'été et l'hiver
- Le jour et la nuit

Si nous dormons la nuit et nous nous levons le matin, c'est parce qu'il y a une loi que Dieu à instaurer dans l'univers, et qui est en vigueur parce que la terre existe. C'est pareil avec le froid et la chaleur, l'été et l'hiver, les semailles et la moisson.

La loi sur les semailles et la moisson fonctionnent aussi dans le monde spirituel, comme dans le monde physique

Par la foi, nous comprenons que l'univers a été harmonieusement organisé par la parole de Dieu, et qu'ainsi le monde visible tire son origine de l'invisible. Hébreux 11:3 (V. Semeur)
C'est l'Esprit qui donne la vie : L'homme n'aboutit à rien par lui-même, les paroles que je vous ai dites sont Esprit et vie. Jean 6:63

Nous voyons dans ces passages que la foi est d'origine spirituelle, ainsi que la parole de Dieu. Donc celle-ci est une semence spirituelle. Gloire à Dieu ! Dieu a semé ses propres paroles, pour que l'univers soit harmonieusement organisé. Nous le voyons dans le chapitre premier du livre de Genèse, comment Dieu a utilisé la loi des semailles et de la moisson pour créer.

La terre était informe et vide : il y avait des ténèbres à la surface de l'abime, et l'Esprit de Dieu se mouvait au dessus des eaux. Dieu dit : que la lumière soit ! Et la lumière fut. Genèse 1:2-3

Dieu dit : que les eaux qui sont au-dessus du ciel se rassemblent en un seul, et que le sec paraisse. Et cela fut ainsi. Dieu appela le sec terre, et il l'appela l'amas des eaux mers. Dieu vit que cela était bon. Puis Dieu dit : que la terre produise de la verdure, des herbes portant de la semence, des arbres fruitiers donnant du fruit selon leur espèce et ayant en eux leur semence sur la terre. Et cela fut ainsi.
Genèse 1 : 9-11

Le chapitre premier du livre de Genèse, nous montre comment semer la parole de Dieu dans nos vies: c'est en la prononçant. Quand le Seigneur Jésus a prononcé une parole sur le figuier, cela a eu de résultat terrible sur le figuier. A tel enseigne que le figuier avait séché jusqu'aux racines.

Pierre, se rappelant ce qui s'était passé, dit à Jésus : Rabbi, regarde, le figuier que tu as maudit a séché. Jésus pris la parole, et leur dit : Ayez foi en Dieu. Je vous le dis en vérité, si quelqu'un dit à cette montagne : Ote-toi de là et jette-toi dans la mer, s'il ne doute point en son cœur, mais croit que ce qu'il dit arrive, il le verra s'accomplir. Marc 11:21-23

Ce que j'aime, c'est la réaction de Jésus après le constat de Pierre.
Ce qui est arrivé au figuier révèle deux choses :
- Que la loi des semailles et de la moisson est encore en vigueur
- Que le croyant aussi peut faire ce que le Seigneur a fait du figuier. C'est pour cela qu'il dit : Si quelqu'un dit à cette montagne...L'attention est portée sur la parole prononcée.

Apprenez toujours à semer la parole de Dieu, et laisser à Dieu le temps de faire germer la semence. La manière dont la semence va se développer ou germer, ne dépend pas de vous, mais de Dieu.

LA PAROLE DE DIEU FAIT LA FONCTION DU JUGE

Un juge : est une personne qui a le pouvoir de juger, d'apprécier ou de décider quelque chose, qui est appelée à servir d'arbitre dans une contestation ou à donner son avis dans tel cas. La dernière phrase du passage des Hébreux 4 :12 dit : Elle juge les sentiments et les pensées du cœur.

Lorsqu'une personne commence à recevoir la parole de Dieu dans son cœur, et que cette parole est établie dans sa vie, elle lui donne le discernement sur les sentiments et les pensées du cœur. Tout sentiment et toute pensée ne viennent pas Dieu. Les sentiments et les pensées ont plusieurs origines. Beaucoup sont détruits par les sentiments et les pensées impurs.

Jésus a dit : mais ce qui sort de la bouche vient du cœur, et c'est ce qui souille l'homme. Car c'est du cœur que viennent les mauvaises pensées, les meurtres, les adultères, les impudicités, les vols, les faux témoignages, les calomnies. Voila les choses qui souillent l'homme, manger sans s'être lavé les mains, cela ne souille point l'homme. Matthieu 15:18-20

Le cœur de l'homme est un chant de bataille. Le diable cherche toujours à détruire le cœur de l'homme, ou du croyant. Lorsqu'il réussi, c'est toute la vie qui est détruite. Voila pourquoi la parole de Dieu, doit prendre sa place dans le cœur du croyant. Afin de lui donner un bon discernement face aux sentiments et aux pensées de destruction.

VOICI LES SENTIMENTS ET LES PENSEES QUI DETRUSENT ET QUI EMPECHE D'HERITER LE ROYAUME DE CIEUX

Or, les œuvres de la chair sont manifestes, ce sont l'impudicité, l'impureté, la dissolution, l'idolâtrie, la magie, les inimitiés, les querelles, les jalousies, les animosités, les disputes, les divisions, les sectes, l'envies, l'ivrognerie, les excès de table, et les choses semblables. Je vous dis d'avance, comme je l'ai déjà dit, que ceux qui commettent de telles choses n'hériterons point le royaume de Dieu. Galates 5: 19-20

Voila quelques armes avec lesquelles le diable détruit les hommes. Le croyant qui laisse la parole de Dieu remplir son cœur, discernera les sentiments et les pensées de Dieu, pour comprendre ce qui vient du diable afin de les renverser. Comme il est dit :

Nous renversons les raisonnements et toute hauteur qui s'élève contre la connaissance de Dieu, et nous amenons toutes pensées captives à l'obéissance de Christ. 2 Corinthiens 10 :5

Vous ne pouvez pas renverser les raisonnements ou amener toute pensée captive à l'obéissance de christ, aussi longtemps que dans votre cœur, la parole de Dieu n'a pas pris sa place.

VOICI LES SENTIMENTS ET LES PENSEES QU'UN CROYANT DOIT AVOIR

Ayez en vous les sentiments qui étaient en Jésus-Christ, lequel, existant en forme de Dieu, n'a point regardé comme une proie à arracher d'être égal avec Dieu, mais s'est dépouillé lui-même, en prenant une forme de serviteur, en devenant semblable aux hommes ; et ayant paru comme un simple homme, il s'est humilié lui-même, se rendant obéissant jusqu'à la mort, même jusqu'à la mort de la croix. C'est pourquoi aussi Dieu l'a souverainement élevé, et lui a donné le nom qui est au dessus de tout nom. Philippiens 2:5-9

Il est important que chaque croyant ait en lui, les sentiments qu'avait le Seigneur Jésus-Christ. Les sentiments d'humilité dans la vie, et d'obéissance à Dieu. Ce genre des sentiments élève le croyant à un niveau supérieur dans la vie.

Mais le fruit de l'Esprit, c'est l'amour, la joie, la paix, la patience, la bonté, la bénignité, la fidélité, la douceur, la tempérance. Galates 5:22
Laissez le Saint-Esprit graver en vous ses sentiments par la parole de Dieu. Marchez dans l'amour, la joie, la paix, la patience, la bonté, la bénignité, la fidélité, la douceur et la tempérance. La bible dit : *Car nous marchons par la foi et non par la vue. 2 Corinthiens 5 :7*

Ça veut dire, nous marchons parce que Dieu a dit dans sa parole. Car la foi vient de sa parole et non de nos sentiments. Le diable se sert de sentiments impurs pour détruire, mais le croyant doit marcher dans la vérité, et avoir de bons sentiments pour discerner ce qui est bon, agréable et parfait.

Proverbes de Salomon, fils de David, roi d'Israël, pour connaitre la sagesse et l'instruction, pour comprendre les paroles de l'intelligence ; pour recevoir des leçons de bons sens, de justice, d'équité et de droiture ; pour donner aux simples du discernement, au jeune homme de la connaissance et de la réflexion. Proverbes 1:1-4

CHAPITRE 3: LA CLE DU SUCCES

Le succès : est le résultat heureux obtenu dans une entreprise, un travail, une épreuve, etc. Avoir du succès dans la vie, c'est le plan de Dieu pour chaque croyant. Car il ne fait pas acception de personne.

Fortifie-toi seulement et aie bon courage, en agissant fidèlement selon toute la loi que Moïse, mon serviteur, t'a prescrite ; ne t'en détourne ni à droite ni à gauche, afin de réussir dans tout ce que tu entreprendras. Que ce livre de la loi ne s'éloigne point de ta bouche ; médite-le jour et nuit, pour agir fidèlement selon tout ce qui y est écrit ; car c'est alors que tu auras du succès dans tes entreprises, c'est alors que tu réussiras. Josué 1: 7-9

Dans chaque succès qui vient de Dieu, il y a là, la part de responsabilité de Dieu et aussi de l'homme. Dieu voulait à tout prix que Josué réussisse dans le travail qu'il lui avait donné, et lui révèle un très grand secret. Ce grand secret était, l'obéissance à toute la loi que son serviteur Moïse l'avait prescrite, sans s'en écarter ni d'un coté ni de l'autre. Aujourd'hui ce livre de la loi, c'est la bible. Josué devrait s'attacher à ce livre, répéter sans cesse ses paroles, le méditer nuit et jour et appliquer tout ce qui y est écrit. En respectant les consignes suscitées, il aura du succès, la réussite dans tout ce qu'il entreprendra. La vie nécessite du courage et de la fermeté. Dieu dit à Josué d'être courageux et de tenir bon.

Le courage: c'est la force morale face aux épreuves, au danger et à la souffrance. Le livre que Dieu recommande à Josué, était la seule source du vrai succès. Parce qu'il contenait les paroles de Dieu lui-même. Josué ne pouvait pas réussir sans s'attacher à ce merveilleux livre de Dieu, prescrit par Moïse. La version des peuples dit : *Tu reliras constamment ce livre de la loi. Jour et nuit tu le méditeras, afin d'agir en toutes choses selon ce qui y est écrit : ainsi tu mèneras à bien tes entreprises et tu réussiras.* Josué 1:8

Sachez que la parole que Dieu adresse à Josué, n'est pas seulement pour lui, mais aussi pour chaque croyant. L'eternel voulait faire comprendre à Josué que le succès, la réussite, la victoire dans le travail qu'il lui donne. Dépend de la considération, de l'importance et du respect dans la lecture constance, la méditation jour et nuit et la pratique du livre de la loi. (Bible)

Méditer : c'est réfléchir profondément sur quelque chose. Lorsqu'une personne respecte ce principe divin de lire constamment, de méditer et de pratiquer ce qui est écrit dans le livre de Dieu, cette dernière reçoit la pensée de Dieu, son Esprit, ainsi que sa vie. Jésus a dit :
C'est l'esprit qui vivifie ; la chair ne sert de rien. Les paroles que je vous ai dites sont esprit et vie. Jean 6 :63

Heureux l'homme qui ne marche pas selon les conseils des méchants, qui ne va pas se tenir sur le chemin des pécheurs, qui ne s'assied pas en compagnie des moqueurs. Toute sa joie il la met dans la loi de l'Eternel qu'il médite jour et nuit ; il donne toujours son fruit lorsqu'en revient la saison. Son feuillage est toujours vert : tout ce qu'il fait réussit. Psaumes 1:1-3 (V. Semeur)

La parole de Dieu nous interdit de fréquenter n'importe qui. Si la bible dit : heureux l'homme qui ne marche pas, qui ne s'associe pas, ou encore ne fréquente pas ces trois groupes de personnes. (Méchants, pécheurs, moqueurs). C'est-à-dire, malheur à celui qui les fréquente. Car il est dit : *attention, ne vous y trompez pas : les mauvaises compagnies corrompent les bonnes mœurs. 1Corinthiens 15 :33*

Au verset deux du premier livre de Psaumes, la bible nous recommande de mettre notre joie, dans la parole de Dieu, pour la méditer jour et nuit. Le succès divin exige vraiment une discipline personnelle dans nos fréquentations, et du temps pour la méditation de la parole de Dieu. Cette vie de méditation, était aussi le partage de la vie de David.

Je veux méditer sur tes ordres et fixer, mes regards sur les voies que tu traces, je trouve un grand plaisir dans ce que tu prescrits et je ne veux jamais oublier ta parole. Psaumes 119: 15-16 (V. Semeur)

QUATRE BENEDICTIONS ATTACHEES A LA PERSONNE QUI MEDITE LA PAROLE DE DIEU

D'après le premier chapitre de Psaumes, ces bénédictions sont : la prospérité, la fertilité, l'endurance, et la réussite totale.

La prospérité : est l'état de ce qui est marqué par l'expansion et l'abondance. Prospérer dans sa vie est le plan de Dieu pour chaque croyant.
Bien aimé, je souhaite que tu prospères à tous égards et soit en bonne santé, comme prospère l'état de ton âme. 3 Jean 2

La fertilité : Est la qualité de ce qui produit en abondance. Ce que vous faites doit toujours produire de bon résultat. Parce qu'il est écrit : *Il donne toujours son fruit lorsqu'en revient la saison.*

L'endurance : Est l'action de supporter une épreuve, un travail, un exercice. Quelque soit les circonstances, vous seriez toujours fort et debout, parce que Dieu est votre source. Il est écrit : son feuillage est toujours vert.

La réussite totale : La réussite est un heureux résultat d'une entreprise. La main de Dieu et sa bénédiction seront sur tout ce que vous faites. C'est pour cela qu'il est dit : tout ce qu'il fait réussit.

COMPRENDRE L'ODRE DE DIEU POUR LE SUCCES

Avant de comprendre cet ordre, il est important de connaitre la vision de Dieu pour votre vie. La vision de Dieu pour votre vie, c'est ce que vous êtes appelé à faire dans la vie.

Quelques exemples des personnes qui ont connu la vision de Dieu pour leurs vies

Moïse connaissait le plan de Dieu pour sa vie.
Maintenant, va, je t'enverrai auprès de pharaon, et tu feras sortir d'Egypte mon peuple, les enfants d'Israël. Exode 3:10

Josué connaissait bien son travail
Après la mort de Moïse, serviteur de l'Eternel, l'Eternel dit à Josué, fils de Nun, serviteur de Moïse : Moïse, mon serviteur, est mort ; maintenant, lève-toi, passe ce Jourdain, toi et tout ce peuple, pour entrer dans le pays que je donne aux enfants d'Israël. Josué 1:1-2

David était appelé à être roi.
Autrefois déjà, lorsque Saül était notre roi, c'était toi qui conduisais et qui ramenais Israël. L'Eternel t'a dit : tu paîtras mon peuple d'Israël, et tu seras le chef. Ainsi tous les anciens

vinrent auprès du roi à Hébron, et le roi David fit alliance avec eux à Hébron, devant l'Eternel. Ils oignirent David pour roi sur Israël. *2 Samuel 5:2-3*

Jérémie également était au courant de la vision de Dieu pour sa vie. *Avant que je t'eusse formé dans le ventre de ta mère, je te connaissais, et avant que tu fusses sorti de son sein, je t'avais consacré, je t'avais établi prophète des nations. Jérémie 1*

Etes-vous au courant de la vision de Dieu pour votre travail, ou pour votre mission ?

Découvrir la vision de Dieu pour sa vie, est le point de départ pour le succès. Beaucoup échouent, tâtonnent et imitent les autres. Simplement parce qu'ils n'ont aucune vision venant de Dieu.

Quand il n'y a point de vision le peuple est sans frein ; mais bienheureux celui qui garde la loi ! Proverbes 29:18 (V.J.N.Darby)

Que faire pour connaitre la vision de Dieu pour sa vie?

Pour connaitre la vision de Dieu pour sa vie, il faut passer régulièrement de temps avec Dieu dans la prière. En lui recommandant votre vie, lui disant ce qui ne marche pas. Demandez-lui dans la prière ce qu'il veut pour vous ? Et soyez attentif à l'Esprit de Dieu, car il parle tantôt d'une manière tantôt d'une autre.

Invoque-moi, et je te répondrai ; je t'annoncerai de grandes choses, des choses cachées, que tu ne connais pas. Jérémie 33:3
J'étais à mon poste, et je me tenais sur la tour ; je veillais, pour voir ce que l'Eternel me dirait, Et ce que je répliquerais après ma plainte. Habacuc 2:1

Lorsque vous connaissez le plan de Dieu pour votre vie, il est judicieux d'observer l'ordre de Dieu pour votre succès

Cet ordre divin est mentionné dans le livre de Josué chapitre premier, le verset neuf: *Je t'ai donné cet ordre : prends courage et tiens bon, ne crains rien et ne te laisse pas effrayer, car moi, l'Eternel ton Dieu, je serai avec toi pour tout ce que tu entreprendras. (V. Semeur)*

Un ordre, est une expression de la décision d'un chef qui donne des prescriptions précises pour exécuter une mission.

A - PRENEZ COURAGE ET TENEZ BON

Dieu voulait que Josué ne soit pas un lâche, mais qu'il cultive la mentalité d'un homme fort et capable. Il voulait qu'il soit ferme dans le travail qu'il lui avait confié.

- **Prenez courage et tenez bon, pour que ce livre de la loi, ne s'éloigne point de votre bouche, et que vous le méditiez jour et nuit**

Ce livre de la loi, (La bible) détenait le secret du succès pour la mission de Josué. Il est très important d'accorder plus de temps à la lecture et la méditation de la bible. Peu importe votre travail : que vous soyez serviteur ou servante de Dieu, chef d'entreprise, maçon, cordonnier, politicien, enseignant, homme ou femme d'affaire, fonctionnaire, personne en tenue, (policier, gendarme, militaire, vigile), médecin, etc...

Organisez-vous toujours à prendre courage et à tenir bon, dans votre vie de méditation de la parole de Dieu. Il faut très souvent être éloigné du monde, pour être seul avec Dieu devant sa parole.

- **Prenez courage et tenez bon, pour obéir et appliquer tout ce qui est écrit dans le livre de la loi**

Lire et méditer ne suffit pas, vous devez pratiquer tout ce que vous méditez. C'est ça qui attire la puissance du succès divin dans votre entreprise.

- **Prenez courage et tenez bon, dans le travail que vous êtes appelez à faire**

Il est écrit : *Prends courage et tiens bon, car c'est toi qui feras entrer ce peuple en possession du pays que j'ai promis par serment à leurs ancêtres de leur donner. Josué 1 :6 (V. Semeur)*

Josué devrait porter la mentalité d'un travailleur. Vous devez travailler dur pour ce que vous êtes appelé à faire. Quelqu'un a dit, un lâche ne gagne pas et un gagnant ne lâche pas. Lorsque votre travail vient de Dieu, sachez aussi que Dieu vous a donné la capacité d'arriver jusqu'au bout. Quelque soit les vents et marrées, vous y arriverez. Tenez bon et ne vous découragez pas. Soyez disciplinez et créatifs dans votre travail.
Proverbes 22 :29 *Connaissez-vous un homme habile dans ce qu'il fait ? Il ne restera pas au service des gens obscurs, mais il entrera au service des rois. Proverbe 22:29 (V. Semeur)*
Doux est le sommeil du travailleur, qu'il ait peu ou beaucoup à manger, mais l'abondance du riche l'empêche de dormir. Ecclésiaste 5:11(V. Semeur)

B - NE CRAINGNEZ RIEN ET NE VOUS LAISSEZ PAS EFFRAYEZ

Du désert pour arriver au pays promis, Josué devrait rencontrer des obstacles, de défis, des ennemis, des choses inattendues etc. mais Dieu lui donne un ordre, et n'oubliez pas qu'un ordre ne se discute pas. Mais ça s'exécute. Peu importe ce qu'il verra pendant l'exécution de son travail, il ne devra pas marcher dans la crainte. La crainte est un ennemi de votre succès, et c'est un esprit impur. Il est écrit : *Car Dieu ne nous a pas donné un esprit de crainte, mais de puissance, d'amour et de conseil. 2Timothée 1 :7 V.J.N.Darby*

Donc si ce n'est pas Dieu qui donne cet esprit, cela veut dire que c'est le diable qui le donne. Soyez au-dessus de la crainte, car vous avez l'ordre de ne rien craindre sur le chemin de l'accomplissement de votre entreprise. Le secret pour vaincre aussi la crainte, c'est la conviction absolue de la parole de Dieu dans votre cœur. Ne craignez rien, car celui qui est en vous, est plus grand que tout ennemi, tout défi, toute trahison, toute contradiction, tout complot, tout obstacle, etc.

CAR MOI L'ETERNEL, TON DIEU, JE SERAI AVEC TOI POUR TOUT CE QUE TU ENTREPRENDRAS

Sachez que pendant l'exécution de votre travail, l'Eternel lui-même est avec vous. Dans la version Louis Second, il est dit : L'Eternel ton Dieu, est avec toi dans tout ce que tu entreprendras. C'est la dernière phrase que Dieu a prononcé à Josué. Josué1 :9. Désormais Josué n'était plus seul pour accomplir sa mission. A chaque fois que l'ordre établi par Dieu pour le succès est respecté, cela amène la manifestation de la présence de Dieu, dans tout ce que vous entreprenez.
Personne, tout le temps de ta vie, ne pourra tenir devant toi : je serai avec toi comme j'ai été avec Moïse, je ne t'abandonnerai point ni te délaisserai. Josué 1:5 (V.des peuples)

CHAPITRE 4 :
LA FOI DE SENEVE

Le sénevé : est une plante, pouvant atteindre deux ou plus de trois mètres de haut, à fleurs jaunes et graines très petites

Les apôtres dirent au Seigneur : Augmente-nous la foi. Et le Seigneur dit : Si vous aviez de la foi comme un grain de sénevé, vous diriez à ce sycomore : Déracine-toi, et plante-toi dans la mer ; et il vous obéirait. Luc 17:5-6

Le Seigneur Jésus n'a pas augmenté la foi des disciples, mais il leur dit : Si votre foi est comme le grain de sénevé, c'est-à-dire, une si petite foi. Vous diriez à cette sycomore: déracine-toi et plante-toi dans la mer, et il vous obéirait. La foi tient compte de ce que la bouche dit. La foi et la confession marche ensemble.

- Par cette parole, le Seigneur voulait dire aux disciples, que pour faire de grandes choses ou expérimenter un miracle, il ne faut pas nécessairement avoir une grande foi.
- Le Seigneur faisait comprendre aux disciples, qu'avec la foi qu'ils ont, ils peuvent faire de grands exploits. Il est dit : *La foi vient de ce qu'on entend, et ce qu'on entend vient de la parole de Christ.*
  Romains 10 :17
- La foi peut être petite et grandir par la parole de Dieu, qu'on écoute régulièrement.
- Jésus voulait que les disciples sachent, qu'une petite foi aussi, peut réaliser des choses extraordinaires. Lorsque Pierre n'avait pas encore une si grande foi, il avait marché sur l'eau.

Pierre lui répondit : Seigneur si c'est toi, ordonne que j'aille vers toi sur les eaux. Et il dit : viens ! Pierre sortit de la barque et marcha sur les eaux, pour aller vers Jésus. Matthieu 14:28-29

- Jésus voulait dire aussi aux disciples même si vous avez une si petite foi, dites ce que vous croyez.

Or, il y avait une femme atteinte d'une perte de sang depuis douze ans. Elle avait beaucoup souffert entre les mains de plusieurs médecins, elle avait dépensé tout ce qu'elle possédait, et elle n'avait éprouvé aucun soulagement, mais était allée plutôt en empirant. Ayant entendu parler de Jésus, elle vint dans la foule par derrière, et toucha son vêtement. Car elle disait : Si je puis seulement toucher ses vêtements, je serai guérie. Au même instant la perte de sang s'arrêta et elle sentit dans son corps qu'elle était guérie de son mal. Marc 5:25-29

EXAMINONS LE CAS DE CETTE FEMME ET LA DEMARCHE QU'ELLE A FAITE POUR RECEVOIR LE MIRACLE

Elle avait un problème de santé qui n'avait pas de solution. Malgré les soins qu'elle a eu de plusieurs médecins, sans succès. Pendant douze ans, je pense qu'en dehors des médecins, elle avait aussi vu les guérisseurs, les marabouts, et j'en passe. Mais sa situation ne faisait que s'empirer. Je crois aussi que sa famille s'inquiétait de sa maladie incurable, et peut-être a dû faire des réunions pour voir dans quelle mesure l'aider à retrouver la santé, mais sans une moindre amélioration.

Après douze ans, les membres de sa famille, les médecins, y compris les personnes de bonne volonté, étaient désespérés et fatigués de l'aider. Et l'avaient abandonné à son sort. Elle n'avait jamais vu Jésus auparavant, mais seulement entendu parler de lui. Certainement on lui disait, qu'il guérit n'importe quelle maladie. Elle ne connaissait pas beaucoup de choses sur le Seigneur Jésus. Sa foi était de sénevé, parce que La foi vient de ce qu'on entend. Et lorsqu'on n'entend pas beaucoup, on a une petite foi. Et quand on entend régulièrement la parole de Dieu, la foi augmente. Une petite foi, ne veut pas forcement dire qu'une personne est incrédule, pas du tout. Cette femme n'était pas à une école de la foi, ou encore à une école de guérison comme aujourd'hui, mais elle a simplement entendu parler de Jésus et elle a cru à l'impossible.

Comment elle a procédé pour recevoir son miracle ?

1. Avant d'aller toucher les vêtements du Seigneur, elle a commencé à dire ce qu'elle croyait.
Si je puis seulement toucher ses vêtements, je serai guérie. Marc 5:28
Dans le livre de proverbes, il est dit : *C'est du fruit de sa bouche que l'homme rassasie son corps, c'est du produit de ses lèvres qu'il se rassasie. La mort et la vie sont au pouvoir de la langue ; quiconque l'aime en mangera les fruits. Proverbes 18 :20-21*
Et, comme nous avons le même esprit de foi qui est exprimé dans cette parole de l'Ecriture : j'ai cru, c'est pourquoi j'ai parlé ! Nous aussi nous croyons, et c'est pour cela que nous parlons. 2 Corinthiens 4:13 Apprenez toujours à dire ce que vous croyez.

2. Elle a posé des pas d'actions par rapport à ce qu'elle croyait
Ayant entendu parler de Jésus, elle vint dans la foule par derrière, et toucha son vêtement. Marc 5:27. Sa foi était accompagnée d'un acte posé. Jacques dit : *Il en est ainsi de la foi : si elle n'a pas les œuvres, elle est morte en elle-même. Mais quelqu'un dira : toi, tu as la foi ; et moi j'ai les œuvres. Montre-moi ta foi sans les œuvres, et moi, je te montrerai la foi par mes œuvres. Jacques 2 :17* Et voila le résultat : *Au même instant la perte de sang s'arrêta, et elle sentit qu'elle était guérie de son mal. Marc 5 :29*

Peu importe ce que vous avez comme problème, ayez la foi et agissez selon la parole de Dieu. Peut être vous avez une maladie incurable ou un problème de la vie, qui vous dépasse, sachez que tout est possible à celui qui croit. Vous pouvez appliquer la démarche que cette femme a faite. Si ça a marché pour elle, ça marchera aussi pour vous. La bible dit: *Jésus-Christ est le même hier, aujourd'hui, et éternellement. Hébreux 13 :8*

Alors les disciples s'approchèrent de Jésus, et lui dirent en particulier : pourquoi n'avons-nous pas pu chasser ce démon ? C'est à cause de votre incrédulité, leur dit Jésus. Je vous le dis en vérité, si vous avez la foi comme un grain de sénevé, vous diriez à cette montagne : transporte-toi d'ici là, et elle se transporterait ; rien ne vous serez impossible. Matthieu 17:19-20

Le Seigneur Jésus est entrain de dire ici, qu'avec une petite foi, vous allez déplacer la montagne. J'aime la dernière phrase. Rien ne vous serez impossible. Gloire à Dieu !

Qu'est-ce qui représente le sycomore ou la montagne?

1.Le sycomore ou la montagne représente les mauvais esprits qui sont des esprits méchants, qui détruisent et tuent les vies humaines. Ils causent de difficultés, des troubles, des malédictions, des maladies incurables, bref des problèmes sans solutions dans les vies humaines. Les corps humains sont des lieux où ces démons aiment habiter. C'est pour cela que le Seigneur nous a donné l'autorité sur les démons.

Voici les miracles qui accompagneront ceux qui auront cru : en mon nom, ils chasseront les démons ; ils parleront de nouvelles langues. Marc 16:17

Nous chassons les démons au nom de Jésus, et c'est avec notre bouche qu'on le fait. Le Seigneur Jésus est notre exemple parfait.

Le soir, on amena auprès de Jésus plusieurs démoniaques. Il chassa les esprits par sa parole, et guérit tous les malades. Matthieu 8:16
Ce n'est pas avec une machette ou une arme physique qu'on chasse les démons, mais par la parole de Dieu, en utilisant notre bouche.

Voici, je vous ai donné le pouvoir de marcher sur les serpents et sur les scorpions, et sur toute puissance de l'ennemi ; et rien ne pourra vous nuire. Un croyant est aussi un commandant, face aux mauvais esprits. Luc 10:19

Aussitôt Jésus fut hors de la barque, il vint au-devant de lui un homme, sortant des sépulcres, et possédé d'un esprit impur. Cet homme avait sa demeure dans les sépulcres, et personne ne pouvait plus le lier, même avec une chaîne. Car souvent il avait eu des fers aux pieds et avait été lié de chaîne, mais il avait rompu les chaînes et brisé les fers, et personne avait la force de le dompter. Il était sans cesse, nuit et jour, dans les sépulcres et sur les montagnes, criant, et se meurtrissant avec des pierres. Ayant vu Jésus de loin, il accourut, se prosterna devant lui, et s'écria d'une voix forte : Qu'y a-t-il entre moi et toi, Jésus, fils de Dieu très haut ? je t'en conjure au nom de Dieu, ne me tourmente pas. Car Jésus lui disait : sort de cet homme, esprit impur ! Et lui demanda : quel est ton nom ? Légion est mon nom, lui répondit-il, car nous sommes plusieurs. Et il le pria instamment de ne pas les envoyer hors du pays. Il y avait là, vers la montagne, un grand troupeau de pourceaux qui paissaient. Et les démons les prièrent, disant : envois-nous dans ces pourceaux, afin que nous entrions en eux. Il leur permit. Et les esprits impurs sortirent, entrèrent dans les pourceaux, et le troupeau se précipita des pentes escampées dans la mer : il y en avait environs deux mille, et ils se noyèrent dans la mer. Marc 5:2-13

Et voici, il y avait là une femme possédée d'un esprit qui la rendait infirme depuis dix-huit ans ; elle était courbée, et ne pouvait pas du tout se redresser. Lorsqu'il la vit, Jésus lui adressa la parole, et lui dit : femme, tu es délivrée de ton infirmité. Et il lui imposa les mains. A l'instant elle se redressa, et glorifia Dieu. Luc 13:11-13

Vous comprenez que cet homme habitait dans les sépulcres, ce ne pas parce qu'il aimait habiter là-bas. Mais parce que des esprits mauvais le voulaient. Gloire à Dieu ! Le Seigneur a utilisé sa parole et l'a délivré. Cette femme avait une maladie incurable pendant dix-huit ans. Et celui qui était à l'origine de cette maladie, était un esprit mauvais. Jésus a encore utilisé sa parole et l'a délivrée.

Peu importent les manières ou les formes que les montagnes se placent devant votre vie, donnez-les des ordres. Exercez votre autorité devant les montagnes qui se placent devant vos vies au nom de Jésus-Christ.
Les soixante-dix revinrent avec joie, disant : Seigneur, les démons même nous sont soumis en ton nom. Luc 10:17

LA FOI DE SENEVE APPELLE A L'EXISTANCE LES CHOSES QUI N'EXISTENT PAS

Si cette foi peut commander la montagne, elle peut aussi appeler les choses qui ne sont pas à l'existence. *Comme le dit l'Ecriture : je t'ai établi pour être le père d'une multitude de peuples. Placé en présence de Dieu, il mit sa confiance en celui qui donne la vie aux morts et appelle à l'existence ce qui n'existe pas. Romains 4:17*

Il est écrit, lorsqu'une personne est née de nouveau, elle devient enfant de Dieu. C'est-à-dire, cette dernière reçoit automatiquement la nature de Dieu.

Elle est venue chez les siens, et les siens ne l'ont point reçue. Mais à tous ceux qui l'ont reçu, à ceux qui croient en son nom, elle a donné le pouvoir de devenir enfants de Dieu, lesquels sont nés, non du sang, ni de la volonté de la chair, ni de la volonté de l'homme, mais de Dieu. Jean 1:11-13

Parce que nous sommes devenus des enfants de Dieu, en Jésus-Christ, nous avons en nous la nature de notre père céleste. Comme notre père appelle à l'existence ce qui n'existe pas, nous aussi de même appelons par la foi, les choses qui n'existent pas.

La bible dit : *Tel il est, tels nous sommes aussi dans ce monde : c'est en cela que l'amour est parfait en nous, afin que nous ayons de l'assurance au jour du jugement. 1 Jean 4 :17*

Josué a appelé le soleil à s'arrêter, bien que géographiquement, c'est la terre qui tourne autour du soleil. Et tout s'arrêta : *Alors Josué parla à l'Eternel, le jour où l'Eternel livra les Amoréens aux enfants Israël, et il dit en présence d'Israël : soleil, arrête-toi sur Gabaon, et toi lune, sur la vallée d'Ajalon ! Et le soleil s'arrêta, et la lune suspendit sa course, jusqu'à ce que la nation eût tiré vengeance de ses ennemis. Cela n'est-il pas écrit dans le livre du juste ? Le soleil s'arrêta au milieu du ciel, et ne se hâta point de se coucher, presque tout un jour. Josué 10:12-13*

Lorsque la terre était informe et vide notre père créateur du ciel et de la terre, avait appelé la lumière, et elle fut. Sachez que tel il est, tels vous êtes. Un jour, les disciples voulurent appeler à l'existence quelque chose, mais le Seigneur les a empêchés. Parce que c'était pour faire du mal. Appelez de bonnes choses, et elles viendront en existence.

Les disciples Jacques et Jean, voyant cela, dirent : Seigneur, veut-tu que nous commandions que le feu descende du ciel et les consume ? Jésus se tourna vers eux, et les réprimanda, disant : vous ne savez de quel esprit vous êtes animés. Luc 9:54-55

JESUS NOUS DONNE UN EXEMPLE PRATIQUE

Apercevant de loin un figuier qui avait des feuilles, il alla voir s'il y trouverait quelque chose ; et, s'en étant approché, il ne trouva que de feuilles, car ce n'était pas la saison des figues. Prenant la parole, il lui dit : Que jamais personne ne mange de ton fruit ! Et ses disciples l'entendirent. Le matin, en passant, les disciples virent le figuier séché jusqu'aux racines. Pierre, se rappelant ce qui s'était passé, dit à Jésus : Rabbi, regarde le figuier que tu as maudit a séché. Jésus prit la parole, et leur dit : ayez foi en Dieu. Je vous le dis en vérité, si quelqu'un dit à cette montagne : Ote-toi de là et jette-toi dans la mer, et s'il ne doute point en son cœur, mais croit que ce qu'il dit arrive, il le verra s'accomplir. Marc 11:13-14 ; 20-23

Quand Jésus s'est approché du figuier, il constate qu'il n'y avait pas des fruits dans ce figuier. Ce n'était pas parce que l'arbre était stérile, mais parce que ce n'était pas la saison des figues. Jésus pouvait aussi laisser ce figuier sans le maudire. Mais je crois qu'il voulait certainement apprendre une leçon aux disciples, en ce qui concerne la foi, et la parole qu'on prononce. La bible dit : *S'adressant alors au figuier, il lui dit.* L'attention est porté sur le figuier, et non sur les feuilles, ni sur le sol autour du figuier. C'est très important de localiser la chose qu'on veut ordonner ou appeler. Il lui dit : Que jamais personne ne mange de ton fruit !

A partir de Marc 11 : 20-24, la leçon de Jésus sur la foi et la parole prononcée devient plus sévère et plus sérieuse. Les disciples ont constaté le changement sur le figuier, depuis la racine jusqu'aux branches. J'aime la réaction du Seigneur Jésus-Christ. Il dit premièrement: **Ayez foi en Dieu**

Dans la version parole vivante, il est dit : Ayez toujours foi en Dieu. Toujours veut dire, chaque fois, tous le temps, sans cesse. Avoir foi en Dieu, est un grand secret de la victoire dans la vie. La foi se fonde sur ce qu'on entend, et ce qu'on entend vient de la parole de Dieu. Et n'oubliez pas que Dieu et sa parole sont un.

Or la foi est une ferme assurance des choses qu'on espère, une démonstration de celles qu'on ne voit pas. Et qu'est ce que la foi ? C'est une ferme confiance dans la réalisation de ce qu'on espère, c'est une manière de le posséder déjà par avance. Croire c'est être absolument certain de la réalité de ce qu'on ne voit pas. Hébreux 11:1 (V. Parole vivante)

Avoir foi en Dieu, c'est le fondement de tout miracle. La foi est une ferme confiance dans ce que Dieu a dit dans sa parole. Car elle est infaillible.
Deuxièmement, **Donnez des ordres**

Je vous le dis en vérité, si quelqu'un dit à cette montagne : Ote-toi de là et jette-toi dans la mer, et s'il ne doute point en son cœur, mais croit que ce qu'il dit arrive, il le verra s'accomplir. Marc 11:23 Dire : c'est articuler quelque chose, le prononcer, le faire entendre grâce à la parole. Cela veut dire, ordonner, exprimer, commander.

2. La montagne représente aussi tout ce qui vous dépasse dans la vie, du point de vie naturel. Ça peut être une maladie incurable ou d'autres problèmes de la vie. Vous devez donner des ordres aux montagnes. Lorsque le Seigneur avait parlé au figuier, il n'était pas inquiet. Parce qu'il savait que quelque chose allait lui arriver.

TROIS ELEMENTS IMPORTANTS POUR DEPLACER LA MONTAGNE

□ **Ordonnez la montagne**
Adressez-vous particulièrement à cette montagne qui s'est placée devant votre vie. Peu importe son origine. La citer par son nom et la commander de quitter au nom de Jésus-Christ de votre vie, de votre santé, de votre projet, de votre famille, de votre société, etc.

□ **Evitez tout doute dans votre cœur**
Jésus a dit : *S'il ne doute point en son cœur, mais croit que ce qu'il dit arrive, il le verra s'accomplir.* Le doute, c'est l'incertitude concernant quelque chose. C'est l'arme de Satan pour détruire les enfants de Dieu. Le doute est un ennemi de la foi. Le diable cherche toujours à semer le doute dans le cœur du croyant, par son mensonge.

D'où provient le doute ?

□ **De Satan**, nous le comprenons dans le livre de Genèse
Le serpent était le plus rusé de tous les animaux des champs, que l'Eternel avait faits. Il dit à la femme : Dieu a-t-il réellement dit : vous ne mangerez pas de tous les arbres du jardin ? La femme répondit au serpent : Nous mangeons du fruit des arbres du jardin. Mais quand au fruit de l'arbre qui est au milieu, Dieu a dit : vous n'en mangerez point et vous n'y toucherez point, de peur que vous ne mouriez. Alors le serpent dit à la femme : vous ne mourez point ; mais Dieu sait, le jour où vous en mangerez, vos yeux s'ouvriront, et que vous serez comme des dieux, connaissant le bien et le mal. La femme vit que l'arbre était bon à manger et agréable à la vue, et précieux pour ouvrir l'intelligence : elle prit de son fruit, et en mangea, et en donna aussi à son mari, qui était auprès d'elle, et il en mangea. Genèse 3:1-6

Le *diable lui dit : Si tu es fils de Dieu, ordonne à cette pierre qu'elle devienne du pain. Jésus lui répondit : Il est écrit : L'homme ne vivra pas de pain seulement. Luc 4:3-6*

Le diable parle aux hommes, même au croyant, pour les amener à douter de la parole de Dieu. Il parle directement au cœur de l'homme, en suscitant des pensées de confusion pour troubler l'homme. S'il a parlé au Seigneur Jésus et à Eve, il peut aussi parler à n'importe qui. La bible l'appelle le père de mensonge. Il cherche toujours qui mentir pour détruire. Il peut parler par un songe, une prophétie, une vision, comme c'est un imitateur de première qualité. Il imite ce que Dieu fait. C'est pourquoi, il est écrit : Ne méprisez pas les prophéties. Mais examinez toutes choses ; retenez ce qui est bon. 1Thessaloniciens 5:20-21
Nous examinons toutes choses à la lumière de la parole de Dieu.

□ **Le doute provient aussi du monde**
Le monde ne connait pas Dieu. En parlant du monde, je veux parler de l'ignorance que le monde a face à la volonté de Dieu révélée dans sa parole. Il est écrit : *Car la sagesse de ce monde est une folie devant Dieu. Aussi est-il écrit : Il prend les sages dans leur ruse. 1 Corinthiens 3 :19*

Il faut faire attention à ce que les gens disent, et qui ne vient pas de Dieu.
Mon peuple est détruit, parce qu'il lui manque la connaissance. Puisque tu as rejeté la connaissance, je te rejetterai, et tu seras dépouillé de mon sacerdoce ; puisque tu as oublié la loi de ton Dieu, j'oublierai aussi tes enfants. Osée 4:6

□ **Le doute provient des circonstances négatives**
Viens, lui dit Jésus. Aussitôt, Pierre descendit de la barque et se mit à marcher sur l'eau, en direction de Jésus. Mais quand il remarqua combien le vent soufflait fort, il prit peur, et, comme il commençait à s'enfoncer, il s'écria : Au secours ! Seigneur ! Immédiatement, Jésus lui tendit la main et le saisit. Ta foi est bien faible ! Lui dit-il, pourquoi as-tu douté ? Matthieu 14:29-31 (V. Semeur)

Jésus a demandé à Pierre, pourquoi il a douté, mais la réponse est simple. Parce qu'il s'est laissé influencer par la circonstance. La bible dit : Mais quand il remarqua combien le vent soufflait fort, il prit peur. Ne vous laissez pas influencer par les circonstances de la vie, croyez plutôt à la parole de Dieu. Vous devez savoir que les circonstances de la vie, ne seront pas toujours favorables à votre foi. Mais c'est votre foi qui doit s'imposer face aux circonstances. Retenez que la foi, marche avec la confession.

Croyez à ce que vous dites
En effet, c'est sur la foi de tes propres paroles que tu seras déclaré juste, et c'est d'après elles que tu seras condamné. Matthieu 12:37 (V. Semeur)

Vous devez fermement croire à vos propres déclarations, et surtout, si vous les faites selon la parole de Dieu. Croyez à ce que vous dites, en étant absolument certain que vos paroles déclarées vont se réaliser.

CHAPITRE 5:
LE STYLE DE VIE

Style : Veut dire, une manière d'être, de vivre, de penser.
En lisant les saintes écritures, vous allez comprendre que la prière était un style de vie du Seigneur Jésus-Christ. Il ne faisait rien sans prier, et passait beaucoup des heures dans la prière. Il savait remettre tout entre les mains du père céleste.

Vers le matin, pendant qu'il faisait encore très sombre, il se leva, et sortit pour aller dans un lieu désert, où il pria. Marc 1:35 En ce temps-là, Jésus se rendit sur la montagne pour prier, et il passa toute la nuit à prier Dieu. Luc 6:12

La prière était son style de vie. La nuit où tous dorment, mais lui, se levait bien souvent pour être en prière. C'est-à-dire, respecter son rendez-vous avec le père. Prier la nuit était son habitude.

Sa renommée se répandait de plus en plus, et les gens venaient en foule pour l'entendre et pour être guéris de leurs maladies. Et lui, il se retirait dans les déserts, et priait. Luc 5:15-16
Après que la foule aie écouter la parole et reçut la guérison, au lieu de fêter ces exploits, mais lui, se retire dans un endroit où il pouvait être seul, pour sa rencontre avec le père.

Je crois que dans sa prière, il rendait compte au père, et rendait grâce pour tout ce qui venait de se passer. Et aussi de se confier au père, pour la prochaine mission. Voila pourquoi, il disait : qu'il est venu pour faire la volonté de Dieu. *Tous le peuple se faisait baptiser, Jésus fut aussi baptisé ; et, pendant qu'il priait, le ciel s'ouvrit. Luc 3:21*

Tous se faisaient baptiser, mais ne priaient pas. Quand à lui, après son baptême, il a prié et le ciel s'ouvrit. La prière ouvre le ciel. Autrement dit, ouvre les portes. Ce style de vie vous mettra en contact avec la volonté de Dieu. C'est quand Abraham était en communication avec Dieu, que la volonté de Dieu concerna la destruction de Sodome et Gomorrhe lui a été révélé. Et cela l'a poussé à intercéder pour son neveu Lot. Les disciples étaient impressionnés de ce style de vie de prière du maître, et l'un d'entre eux lui demanda de leur enseigner comment prier.

Jésus priait un jour en un certain lieu. Lorsqu'il eut achevé, un de ses disciples lui dit : Seigneur, enseigne-nous à prier, comme Jean l'a enseigné à ses disciples. Luc 11:1
Il y a plusieurs sortes de prières, mais l'Esprit de Dieu m'a conduit a énuméré trois sortes.

La prière de communion avec Dieu

C'est une prière qui consiste à entrer en communication avec Dieu, pour le louer, l'adorer, le remercier pour tout ce qu'il fait et pour tout ce qu'il permet dans votre vie, lui rendre compte de votre vie et des activités que vous avez fait pour sa gloire, et aussi pour l'écouter. La sensibilité spirituelle d'écouter la voix de Dieu, se développe lorsque nous avons l'habitude d'être en communication avec lui. Comprenons que notre Dieu, est un Dieu de foi. C'est par la foi aussi, que nous entrons en communion avec lui.

Or, sans la foi il est impossible de lui être agréable, car il faut que celui qui s'approche de Dieu croie que Dieu existe, et qu'il est le rémunérateur de ceux qui le cherchent. Hébreux 11:6

La bible nous montre un exemple concret du style de vie qu'avait Daniel. Lui qui était un homme élevé en dignité, avec un emploi du temps chargé. Mais trois fois par jour, il cherchait à être en communion avec le Dieu qui l'avait élevé. Sa richesse, son travail n'étaient pas un obstacle pour son rendez-vous avec son Dieu.

Lorsque Daniel sut que le décret était écrit, il se retira dans sa chambre, où les fenêtres de la chambre supérieure étaient ouvertes dans la direction de Jérusalem ; et trois fois le jour il se mettait à genoux, il priait, et il louait son Dieu, comme il le faisait auparavant. Daniel 6:10
Rien n'a changé le style de vie de Daniel, pas même le décret du roi.

Pendant le moment de communion avec Dieu, vous pouvez aussi lui faire des requêtes, si vous en avez. *En ce jour-là, vous ne m'interrogerez plus sur rien, en vérité, en vérité, je vous le dis, ce que vous demanderez au père, il vous le donnera en mon nom. Jusqu'à présent vous n'avez rien demandé en mon nom, demandez, et vous recevez, afin que votre joie soit parfaite.* Nous prions au père au nom de Jésus-Christ. Jean 16:23-24

Le pardon est très important dans votre communion dans la prière avec Dieu. Si vous ne savez pas pardonner les autres, Dieu aussi ne vous pardonnera pas. Demander à ce que Dieu vous pardonne, c'est bien. Mais pardonnez ceux qui vous ont offensé avant de demander pardon à Dieu, c'est mieux. *Si vous pardonnez aux hommes leurs offenses, votre père céleste vous pardonnera aussi; Mais si vous ne pardonnez pas aux hommes, votre père ne vous pardonnera pas non plus vos offenses. Matthieu 6:14-15*

Combien de temps faut-il faire dans la prière

Nous croyons premièrement que la durée de la prière est déterminée par la relation d'amour que nous avons pour le Seigneur. Réalisons ce que le psalmiste dit : *Oui, tu fus mon soutien dès ma naissance. Depuis que je suis né, tu me protèges. J'ai sans cesse un motif de te louer. Je suis, pour beaucoup d'hommes, un vrai prodige, mon abri c'est toi. Ma bouche est pleine du chant de tes louanges. Et, chaque jour elle publie ta gloire. Psaumes 71 :6-8. V. Semeur*
Avec un tel Dieu, combien de temps pensez-vous faire avec lui ?

Deuxièmement, la durée de la prière est déterminée par le degré de la souffrance dans le cœur. *Comme elle restait longtemps en prière devant l'Eternel, Eli observa sa bouche. Anne parlait dans son cœur, et ne faisait que remuer les lèvres, mais on n'entendait point sa voix. Eli pensa qu'elle était ivre, et il lui dit : jusqu' à quand seras-tu dans l'ivresse ? Fais passer ton vin. Anne répondit : non, mon seigneur je suis une femme qui souffre en son cœur, et je n'ai bu ni vin ni boisson enivrante ; mais je répandais mon âme devant l'Eternel. Ne prend pas ta servante pour une femme pervertie, car c'est l'excès de ma douleur et de mon chagrin qui m'a fait parler jusqu'à présent. 1 Samuel 1:12-16*

Ecoutez la question du Seigneur Jésus :
Et il vint vers les disciples, qu'il trouva endormis, et il dit à Pierre : Vous n'avez donc pas pu veiller une heure avec moi ! Veillez et priez, afin que vous ne tombiez pas dans la tentation, l'esprit est bien disposé, mais la chair est faible. Matthieu 26:40-41

Nous croyons qu'une heure dans la prière, est un temps minimal. Beaucoup de croyants n'arrivent pas à prier même pendant vingt minutes. Allez au-delà ; prenez du temps dans la communication avec Dieu.

La prière d'intercession

C'est une prière adressée à Dieu, en faveur d'une autre personne, d'une famille, d'une église, d'un pays, d'un continent, etc. Nous devons être des intercesseurs. Le Seigneur lui-même est notre modèle.

Qui les condamneront ? Christ est mort ; bien plus, il est ressuscité, il est à la droite de Dieu, et il intercède pour nous ! Romains 8:34

Etre intercesseur est le plan de Dieu pour nous. *La vérité a disparu, et celui qui s'éloigne du mal est dépouillé. L'Eternel voit, d'un regard indigné, qu'il n'y a plus de droiture ; il voit qu'il n'y a pas un homme, il s'étonne de ce que personne n'intercède ; alors son bras lui vient en aide. Esaie 59:15-16*

Soyez l'intercesseur de vos frères et sœurs en Christ, de votre famille, de votre pasteur, de vos troupeaux si vous êtes pasteur, de votre pays, de votre continent, etc.

J'exhorte donc, avant toutes choses, à faire des prières, des supplications, des requêtes, des actions de grâces, pour tous les hommes, pour les rois et pour tous ceux qui sont élevés en dignité, afin que nous menons une vie paisible et tranquille, en toute piété et honnêteté.
1Timothée 2:1-2

Joignez à votre prière quotidienne, l'intercession. Sachez que sans fardeau dans son cœur pour les autres, l'intercession ne servira à rien.

L'accord dans la prière

Cette union consiste, à s'accorder avec deux ou plusieurs personnes afin de prier pour une cause. Jésus a dit, je cite : *Je vous dis encore, si deux d'entre vous s'accordent sur la terre pour demander une chose quelconque, elle leur sera accordée par mon père qui est dans les cieux. Matthieu18:19*

Attention ! On ne s'associe pas avec n'importe qui. Si vous avez un sujet de prière, avant d'associer une ou plusieurs personnes, rassurez-vous si ces personnes marchent vraiment avec le Seigneur Jésus ? Si elles peuvent avoir la même pensée que vous ?
Et si elles sont discrètes? Gloire à Dieu !
Quand Pierre était en prison, les frères se sont accordés dans la prière, pour que Dieu le délivre. Et l'Eternel a envoyé son ange pour faire sortir Pierre de la prison.

Pierre donc était gardé dans la prison ; et l'Eglise ne cessait d'adresser pour lui des prières à Dieu. Actes 1:12:5
Lorsqu'il y a l'union dans la prière, quand l'un se fatigue, l'autre l'encourage et la prière ira jusqu'au bout pour faire éclater la gloire de Dieu. Quand Israël était attaqué par les Amalécites, Moïse qui connaissait quelques secrets spirituels, dit a Josué d'aller avec les autres dans le champs de bataille. Tandis que lui, Aaron et Hur vont aller faire l'union dans la prière. Et le résultat était évident ! Israël avait remporté la victoire

Josué se conforma aux instructions de Moïse, il alla combattre les Amalécites, tandis que Moïse, Aaron, et Hour montèrent au sommet de la colline. Or, lorsque Moïse élevait la main pour prier, Israël avait l'avantage dans la bataille, et lorsqu'il la laissait retomber, Amalec l'emportait. Comme les bras de Moïse se fatiguaient, Aaron et Hour prirent une pierre qu'ils placèrent sous lui pour le faire asseoir dessus, et ils lui soutinrent les bras, chacun d'un coté ; ainsi ses bras tinrent fermes jusqu'au coucher du soleil, et Josué remporta la victoire sur les Amalécites à la pointe de l'épée. Exode 17:10-13 (V. Semeur).

CHAPITRE 6:
L'HUMEUR

Notre être intérieur influence toujours l'être extérieur
L'humeur : c'est la disposition affective passagère d'une personne, liée souvent aux circonstances. La bible dit : *Mais en réalité, dans l'homme c'est l'esprit, le souffle du tout puissant, qui donne l'intelligence. Job 32 :8*

L'homme est un esprit qui vit dans un corps. Lorsque l'être intérieure est affecté, cela se manifeste sur le plan physique. Lorsqu'une personne a un problème au-dedans de lui, cela peut se manifester dans son visage, ses actes, ou encore dans son langage.

Pendant une nuit, l'échanson et le panetier du roi d'Egypte, qui étaient enfermés dans la prison, eurent tous les deux un songe, chacun le sien, pouvant recevoir une explication distincte. Joseph, étant venu le matin vers eux, les regarda ; et voici, ils étaient tristes, alors il questionna les officiers de pharaon, qui étaient avec lui dans la prison de son maître, et il leur dit : pourquoi avez-vous mauvais visage aujourd'hui ? Ils répondirent ; nous avons eu un songe, et il n'y a pas personne pour l'expliquer. Joseph leur dit : N'est-ce pas à Dieu qu'appartiennent les explications ? Racontez-moi donc votre songe. Genèse 40:5-8

Ces deux hommes avaient des problèmes au-dedans d'eux. Et cela s'est manifesté sur leurs visages. *par-dessus tout : veille soigneusement sur ton cœur. Car il est à la source de tout ce qui fait ta vie. Proverbes 4:23 (V. Semeur)*

Ne mettez pas n'importe quoi dans votre cœur. Il faut toujours rejetez ce qui n'est pas important de votre cœur, et laissez ce qui est important s'installer en vous. Et cela met en question votre manière de penser.

au reste, frères, que tout ce qui est vrai, tout ce qui est honorable, tout ce qui est juste, tout ce qui est pur, tout ce qui est aimable, tout ce qui mérite l'approbation, ce qui est vertueux et digne de louange, soit l'objet de vos pensées. Philippiens 4:8
Il y a deux types d'humeur, la mauvaise et la bonne.

La mauvaise humeur

Est un état d'âme défavorable. Voici quelques causes de la mauvaise humeur.
□ **L'inquiétude**
Sur le chemin de la vie, le croyant rencontre des situations négatives qui amènent les inquiétudes. Le Seigneur a donné un enseignement très capital sur ce sujet

D'ailleurs, qui de vous peut, à force d'inquiétude, prolonger son existence, ne serait-ce que de quelques instants ? Matthieu 6:27 (V. Semeur)
La question est posée par le Seigneur lui-même. L'inquiétude ne peut prolonger quoi que ce soit dans la vie, elle peut par contre retrancher et empirer les choses, voir même tuer.

le souci au fond du cœur déprime, mais une parole d'encouragement lui rend la joie Proverbes 12:25 (V.Semeur) ce passage révèle que l'inquiétude rend malade. Beaucoup remplissent les hôpitaux à cause des inquiétudes. C'est pourquoi le Seigneur Jésus a interdit aux disciples, que nous sommes de s'inquiéter *c'est pourquoi je vous dit : ne vous inquiétez pas en vous demandant, quoi allons-nous manger ou boire ? Avec quoi allons-nous habiller ? La vie ne vaut-il pas bien plus que la nourriture ? Et le corps ne vaut-il pas bien plus que les habits ? Matthieu 6:25 (V. Semeur)*

C'est l'interdiction du Seigneur, le Dieu pourvoyeur, face à l'inquiétude. La vie est plus que la nourriture et le corps plus que le vêtement. Beaucoup ont la nourriture, mais pas d'appétit à cause des inquiétudes.

Les insensées, par leurs conduites coupables et par leurs iniquités, s'étaient rendus malheureux. Leurs âmes avaient en horreur toute nourriture, et ils touchaient aux portes de la mort. Psaumes 107:17-18

Leurs âmes avaient en horreur toute nourriture. La nourriture était là, mais pas moyen d'avaler. Jésus a dit : la vie est plus que la nourriture. Ces gens, ce sont rendus malheureux par leurs péchés, leurs conduites coupables. Le péché est un ennemi radical de l'épanouissement d'un croyant. Jésus a aussi dit : le corps est plus que la nourriture. Lorsqu'une personne est gravement malade, ses vêtements même les plus chères, n'ont plus d'importance pour elle. Le Seigneur a dit à l'homme qui avait été guéri de la paralysie durant 38 ans, je cite : *Voici tu as été guéri ; ne pèche plus de peur qu'il ne t'arrive quelque chose de pire. Jean 5 :14*

Le Seigneur n'a pas dit que le croyant doit vivre une vie malheureuse. Pas du tout !
Ne vous inquiétez donc pas, et ne dites pas : Que mangerons-nous ? Que boirons-nous ? De quoi seront-nous vêtus ? Car toutes ces choses, ce sont les païens qui les recherchent. Votre père céleste sait que vous en avez besoin. Matthieu 6:31-32

Notre père connaît tout vos besoins, en ce qui concerne votre vie et votre corps. Seulement il dit, de ne pas s'inquiéter et ne pas avoir le langage des païens face aux circonstances de la vie.

Au verset 34, il dit : *Ne vous inquiétez donc pas du lendemain ; Car le lendemain aura soin de lui-même. A chaque jour suffit sa peine*. Le lendemain, c'est l'avenir, le futur. Le Seigneur a donné un enseignement de ne pas s'inquiéter du présent ni de l'avenir. Ne faites pas de soucis pour votre avenir, parce que vous êtes dans son plan et il contrôle votre destinée.

car je connais les projets que j'ai formée sur vous dit l'Eternel, projets de paix et non de malheur, afin de vous donner un avenir et de l'espérance. Jérémie 29:11

Soyez tranquille et en paix envers vous-même, en vous confiant régulièrement au Seigneur, car il est fidele. *Cherchez premièrement le royaume et la justice de Dieu et toutes ces choses vous serons données par-dessus. Matthieu 6:33*

Ce passage révèle la priorité qu'un chrétien doit avoir dans sa vie, et cela fait la différence entre un croyant et un païen. Il est dit : toutes ces choses vous seront données par-dessus. C'est-à-dire les bonnes choses que vous avez besoin pour votre vie et pour votre corps seront votre partage.

Cependant, ne vous réjouissez pas de ce que les esprits vous sont soumis ; mais réjouissez-vous de ce que vos noms sont écrits dans les cieux. Luc 10:20

Chercher le royaume de cieux, c'est chercher d'abord que votre nom soit écrit dans les cieux. Et la porte pour y accéder c'est Jésus-Christ.

Et bien, sachez-le tous, et que le peuple d'Israël le sache. C'est au nom de Jésus-Christ de Nazareth que nous avons agi, de ce Jésus que vous avez crucifié et que Dieu a ressuscité de mort ; C'est grâce à lui que cet homme se tient là, debout, devant vous, en bonne santé. Il est la pierre rejetée par les constructeurs par vous et qui est devenu la pierre principale, à l'angle de l'édifice. C'est en lui seul que se trouve le salut. Dans le monde entier, Dieu n'a jamais donné le nom d'aucun autre homme par lequel nous devrions être sauvés. Actes 4:10-12 (V. Semeur)

Il n'est pas question de monter au ciel pour inscrire son nom dans le royaume des cieux. Mais c'est ici sur la terre qu'on inscrit son nom.

Si tu confesses de ta bouche le Seigneur Jésus, et si tu crois dans ton cœur que Dieu l'a ressuscité des morts tu seras sauvé. Car c'est en croyant du cœur qu'on parvient à la justice, et c'est en confessant de la bouche qu'on parvient au salut, selon ce que dit l'Ecriture ; Quiconque croit en lui ne sera point confus. Romains 10:9-11

Alors, si vous n'avez pas encore inscrit votre nom, faites-le avec moi en répétant ces paroles : « Seigneur Jésus, je t'invite aujourd'hui dans ma vie, pardonne mes péchés, purifie-moi par ton sang précieux. Je confesse de ma bouche que tu es Seigneur, et je crois dans mon cœur que Dieu t'a ressuscité de morts. AMEN »

Deuxièmement, il faut marcher tous les jours de votre vie, dans la justice de Dieu. C'est-à-dire, faire ce qui est juste à ses yeux

Il accomplit le serment qu'il a fait à notre ancêtre Abraham, de nous accorder la faveur, après nous avoir délivrés de tous nos ennemis, de le servir sans crainte en étant saints et justes en sa présence tous les jours de la vie. Luc 1:73-75
Gloire à Dieu !

Matthieu 6 :26 ; 30. Révèle la volonté et la capacité de Dieu, de faire épanouir le croyant. Parce que vous avez plus de valeur que les oiseaux et l'herbe de champs. Notons que même les oiseaux pour manger, doivent se déplacer. Donc le croyant ne doit pas être paresseux. Notre Dieu peut habiller votre vie, et votre corps de son élégance.

Il est écrit : voyez les oiseaux qui volent dans les airs, ils ne sèment ni ne moissonnent, ils n'amassent pas de provisions dans des greniers, et votre père céleste les nourrit. N'avez-vous pas bien plus de valeur qu'eux ?

Si Dieu habille avec tant d'élégance la petite plante des champs qui est là aujourd'hui et qui demain sera jetée au feu, à plus forte raison ne vous vêtira-t-il pas vous-même ? Ah, votre foi est encore bien petite ! (V. Semeur)

La prière est un remède face aux inquiétudes

Quand les inquiétudes persistent dans votre vie, la bible enseigne qu'il faut exposer les problèmes qui vous troubles à Dieu dans la prière. Demandez son intervention. *afin qu'il vous élève au temps convenable : Et Humiliez-vous donc sous la puissante main de Dieu, déchargez-vous sur lui de tous vos soucis, car il prend soin de vous. 1Pierre 6:6-7*
Il est très important pour votre paix, de dire à Dieu par la prière tout ce qui ne vas pas, en demandant sa main de visitation.

Ne vous inquiétez de rien : Mais en toute chose faites connaitre vos besoins à Dieu par des prières et des supplications, avec des actions de grâce. Et la paix de Dieu, qui surpasse toute intelligence, gardera vos cœurs et vos pensées en Jésus-Christ. Philippiens 4:6-7

Dans leurs détresses, ils crièrent à l'Eternel, et il les délivra de leurs angoisses. Psaumes 107:19

□ **La déception**

Est une tristesse que l'on éprouve quand quelque chose qu'on espérait ne se produit pas.
Au bout de quelque temps, Caïn fit à l'Eternel une offrande des fruits de la terre ; Et Abel de son coté, en fit une des premiers nés de son troupeau et de leur graisse. L'Eternel porta un regard favorable sur Abel et sur son offrande ; Mais il ne porta pas un regard favorable sur Caïn et son offrande. Caïn fut très irrité, et son visage fut abattu. Genèse 4:3-5

Dieu a porté un regard favorable sur Abel et son offrande, et n'a pas porté une attention favorable sur Caïn et son offrande. Caïn, après avoir fait son offrande, ne s'attendait pas à ce résultat. Et son visage fut abattu. Vous comprenez bien que la déception de Caïn s'est affichée sur son visage. La Bible dit : Caïn fut très irrité. Certainement contre Dieu, qui n'a pas agréé son offrande et jaloux de son frère parce que Dieu a considéré son offrande. Bien souvent, les personnes déçues se sentent abandonnées et très blessées dans leur cœur. Leurs déceptions aboutissent à une très grande vengeance ou encore au suicide.

Beaucoup sont morts, plusieurs ont été amenés à faire du mal aux autres, à les tuer même à cause de la déception et de la jalousie. La déception a plusieurs origines : elle peut provenir de la famille, du lieu de travail, d'un manque d'assistance à un besoin financier, matériel, physique, ou spirituel, du mariage, de la vie sentimentale, etc…

Dieu a donné une parole à Caïn, en disant : pourquoi es-tu irrité, et pourquoi ton visage est-il abattu ? Certainement, si tu agis bien, tu relèveras ton visage, et si tu agis mal, le péché se couche à la porte ; et ses désirs se portent vers toi : Mais toi, domine sur lui. Caïn devrait faire un choix : Soit de bien agir, ou de mal agir. Lorsqu'il y a la déception, le problème c'est votre réaction à cette circonstance. Votre manière de réagir, vous amènera à la liberté ou au tourment.

Si vous traversez une déception, sachez que vous avez un choix à faire. Soit vous dominez sur elle, c'est-à-dire vous réagissez selon la parole de Dieu ou vous la laissez dominer sur vous. Réagir selon la parole de Dieu, veut dire :

Premièrement, Rendre grâce à Dieu pour cette circonstance, parce que toute chose concourent au bien de ceux qui aiment Dieu.
Rendez grâce en toute chose, car c'est à votre égard la volonté de Dieu en Jésus-Christ. 1Thessaloniciens 5:18
Dans la version Semeur, il est dit : *Remerciez Dieu en toute circonstance.*
Nous savons, du reste, que toutes choses concourent au bien de ceux qui aiment Dieu, de ceux qui sont appelés selon son dessein. Romains 8 :28

Deuxièmement, Si c'est une offense, il faut pardonner la personne qui vous a offensé, quelque soit sa faute. Jésus a dit : *si vous pardonnez aux hommes leurs offenses, votre père céleste vous pardonnera aussi ; Mais si vous ne pardonnez pas aux hommes, votre père ne vous pardonnera pas non plus vos offenses. Matthieu 6 :14-15*

Le pardon est souvent difficile parce que l'homme est habitué à la vengeance. Mais les enfants de Dieu ont aussi reçus la nature de leur père céleste, qui leur permettent de pardonner et de ne plus se souvenir de ce qui est passé. Lorsque vous pardonnez de tout cœur, la paix et la victoire envahira votre cœur.

En vérité beaucoup sont déçus parce qu'ils se confient aux hommes, au lieu de se confier à Dieu
Ainsi parle l'Eternel : Maudit soit l'homme qui se confie dans l'homme qui prend la chair pour son appui, et qui détourne son cœur de l'Eternel ! Il est comme un misérable dans le désert, et il ne voit point arriver le bonheur ; Il habite les lieux brulés du désert, une terre salée et sans habitants. Béni soit l'homme qui se confie dans l'Eternel, et dont l'Eternel est l'espérance : Il est comme un arbre planté près des eaux, et qui étend ses racines vers le courant. Il n'aperçoit point la chaleur quand elle vient, et son feuillage reste vert, dans l'année de la sécheresse il n'a point de crainte, et il ne cesse de porter du fruit. Jérémie 17:5-8 cessez de vous confier en l'homme, dans les narines duquel il n'y a qu'un souffle : Car de quelle valeur est-il ? Esaie 2:22

□ **La crainte**
C'est l'état de quelqu'un qui éprouve un sentiment de peur ou de recul. La peur est un instrument du diable pour avorter la destinée du croyant

Car Dieu ne nous a pas donné un esprit de crainte, mais de puissance, et d'amour, et de conseil 2 Timothée 1:7 (V. Darby)

Ici la crainte est présentée comme un esprit impur. Et face à un esprit mauvais, la bible dit de le chasser. Liez tout esprit de crainte qui persiste et chassez-le au nom de Jésus.
Voici les miracles qui accompagneront ceux qui auront cru ; en mon nom, ils chasseront les démons ; ils parleront de nouvelles langues. Marc 16:17

L'Esprit que Dieu nous a donné est supérieur à l'esprit qui est dans ce monde. L'Esprit que vous avez est un Esprit de puissance, d'amour et de conseil. La peur est dans l'homme depuis sa naissance. Ce pour cela vous constaterez, lorsqu'on laisse un enfant qui ne connais encore rien seul, sans ses parents ou des personnes familières, il va éprouver la peur et va commencer à pleurer. Quand nous naissions de Dieu, automatiquement nous recevons aussi la nature de Dieu. Et son Esprit vient habiter en nous. Ayez foi dans la parole de Dieu et vous dominerez sur la peur.

Quelqu'un a dit : Quelque soit la nature de la peur, qui vous envahi, sachez qu'elle est une fausse évidence qui parait réel. Placez votre foi sur la parole de Dieu.
Quand je marche dans la vallée de l'ombre de la mort, je ne crains aucun mal, car tu es avec moi : ta houlette et ton bâton me rassurent. Psaumes 23:4

La bonne humeur

C'est la disposition favorable de l'esprit. Votre santé physique, a besoin toujours d'être bien. Et la bonne humeur est un remède pour cela.

La bonne humeur favorise la guérison, mais la tristesse fait perdre toute vitalité Proverbes 17:22 (V. Français courant) Votre être intérieure a une très grande influence sur votre santé physique et sur toute votre vie. Il est très important de discipliner et de contrôler son cœur.

Mettez dans votre cœur des bonnes choses, et non des mauvaises. Car il est dit : La tristesse fait perdre toute vitalité.

Prend garde à ce que tu pense au fond de toi-même : C'est plus important que tout, car ta vie en dépend. Proverbes 4:23 (V. Français courant) 1 Thessaloniciens 5:16 dit: *soyeux toujours joyeux.*

Ce verbe est conjugué à l'impératif. Et je crois bien qu'il s'agit d'un ordre. Vous devez être joyeux chaque jour. Dans d'autre version, il est dit : Restez toujours joyeux. La joie doit être pour vous une attitude. La bible n'a pas dit : soyez colérique ou triste, mais joyeux. Même s'il n'y a pas un comédien ou quelque chose pour vous faire rigoler ou vous mettre dans la joie, restez joyeux. Gloire à Dieu !

Comment faire pour être toujours joyeux?

□ **Il faut méditer chaque jour la parole de Dieu**
Méditer la parole de Dieu, c'est être ensemble avec Dieu, car selon Jean 1, Dieu est sa parole. La parole de Dieu est une bonne nouvelle. Et une bonne nouvelle réjoui le cœur. Lorsque vous découvrez les nouvelles qui sont dans le livre de Dieu, elles réjouissent le cœur
David a dit : *Oh que j'aime ta loi ! Je la médite tout le jour. Psaumes 119 :97 V. Semeur.*

Lui qui était roi, avec un emploi du temps chargé. Mais il disposait chaque jour, un temps pour la méditation de la parole de Dieu. Quelque soit vos occupations, vous pouvez disposer un temps pour la méditation de la parole de Dieu. Votre joie en dépend.

Plus loin le roi David révèle, ce que la parole de Dieu produisait dans son cœur
Tes préceptes sont pour toujours mon héritage, car ils sont la joie de mon cœur. Psaumes 119:111
Il m'arrive de bondir de joie, quand je découvre des révélations dans la parole de Dieu. Bien souvent même en cours de route, il m'arrive de rire à cause de la parole de Dieu qui monte dans mon cœur.
Apprenez à méditer la parole de Dieu chaque jour, et vous seriez heureux.

Quand méditer la parole de Dieu?
Tous les jours : C'est-à-dire le matin et le soir. Si vous avez le temps pour manger le matin et le soir, vous auriez aussi le temps pour la méditation. Après chaque méditation, il est important de faire tout pour appliquer ce que vous avez médité. Pour que votre joie soit parfaite.

J'ai recueilli tes paroles, et je les ai dévorées : tes paroles ont fait la joie et l'allégresse de mon cœur ; Car ton nom est invoqué sur moi, Eternel, Dieu des armées. Jérémie 15:16
Que ce livre de la loi ne s'éloigne point de ta bouche ; médite-le jour et nuit, pour agir fidèlement selon tout ce qui y est écrit ; Car c'est alors que tu auras du succès dans tes entreprises, c'est alors que tu réussiras. Josué 1:8

□ **Pensez aux promesses de Dieu**
Celui qui est la force d'Israël ne ment point et ne se repent point, car il n'est pas un homme pour se repentir. 1Samuel 15 :29. C'est merveilleux de savoir que Dieu ne ment point, ce qu'il dit est la vérité. Ainsi fixez vos yeux aux promesses de Dieu, car elles sont une garantie sûre.

Beaucoup fixent leurs yeux sur les événements passés et les circonstances négatives et ont trop de difficultés à s'épanouir dans la vie.

Ne pensez plus aux événements passés, et ne considérez plus ce qui est ancien. Voici, je vais faire une chose nouvelle, sur le point d'arriver : Ne la connaîtrez-vous pas ? Je mettrai un chemin dans le désert, et des fleuves dans la solitude. Esaie 43:18-19

Il est vrai que des événements négatifs se sont produits dans votre vie. Et qui ont amenés la tristesse, la crainte, l'angoisse, le désespoir, etc...Mais Dieu ne veut pas que ses enfants pensent, aux événements négatifs passés. Il veut plutôt que ses enfants pensent au chemin qu'il va mettre dans le désert, et des fleuves dans la solitude. Faites vos projets, par rapport aux promesses de Dieu.

Jérémie 29:11 dit: *Oui, moi, le Seigneur, je connais les projets que je forme pour vous. Je le déclare: Ce ne sont pas des projets de malheur mais des projets de bonheur. Je veux vous donner un avenir plein d'espérance. (V. Parole de vie)*

□ **Pensez aux bontés et compassions de Dieu**
Quand je pense à ma détresse et à ma misère, a l'absinthe et au poison ; Quand mon âme s'en souvient, elle est abattue au dedans de moi. Voici ce que je veux repasser en mon cœur, ce qui me donnera de l'espérance. Les bontés de l'Eternel ne sont pas épuisées, ses compassions ne sont pas à leur terme ; Elles se renouvellent chaque matin. Oh que ta fidélité est grande ! Lamentation 3:19-23

Jérémie se rendait déprimer, malade, quand il pensait aux circonstances qu'il traversait. Et il se décide de changer sa manière de penser. Parce qu'il a compris que ses pensées faisaient fausse route. La bible dit : *car comme il a pensé dans son âme tel il est. (Proverbes 23 :7) V. Darby*
Il dit : Voici ce que je veux repasser en mon cœur, ce qui me donnera de l'espérance. Les bontés de l'Eternel ne sont pas épuisées, ses compassions ne sont pas à leur terme.

Dieu est toujours le même comme au temps de la bible. Ses bontés et compassions sont toujours en vigueur. En pensant à ses bontés et compassions, l'espérance, la foi, la joie, vont remplir votre cœur. *L'Eternel est miséricordieux et compatissant, lent à la colère et plein de bonté. Psaumes 145:8*

□ **Entretenez une bonne relation avec le Saint-Esprit**
Il faut savoir parler avec le Saint-Esprit. En lisant le chapitre 8, vous comprendrez que le Saint-Esprit est une personne Divine. Donc vous pouvez avoir une communication avec lui.
2Corinthiens 13:13 dit: *Que la grâce du Seigneur Jésus-Christ, l'amour de Dieu, et la communication du Saint-Esprit soient avec vous tous.*

D'autres versions disent, la communion du Saint-Esprit.
La Communion : c'est un parfait accord d'idées, de sentiment. Vous ne pouvez pas bien communier avec le Saint-Esprit sans parler en langue. *En effet, celui qui parle en langue ne parle pas aux hommes, mais à Dieu, car personne ne le comprend, et c'est en esprit qu'il dit des mystères. 1Corinthiens 14 :2*

N'oubliez pas que le Saint-Esprit est Dieu. Parler en langue, c'est communier avec le Saint-Esprit. Jésus a dit, je cite : *Voici les miracles qui accompagnerons ceux qui auront cru : en mon nom, ils chasseront les démons ; ils parleront de nouvelles langues. (Marc 16 :17)*

Gloire à Dieu ! Le Saint-Esprit est la source de joie. Lorsque vous avez l'habitude de communier avec lui en priant en langue, il remplira votre cœur de joie.
Mais le fruit de l'Esprit, c'est l'amour, la joie, la paix, la patience, la bonté la bénignité, la fidélité, la douceur, la tempérance. Galates 5:22
En priant en langue, vous vous faites du bien à vous-même.

Celui qui parle en langue s'édifie lui-même, celui qui prophétise édifie l'Eglise. 1 Corinthiens 14:4 *Pour vous, bien-aimés, vous édifiant vous-même sur votre très sainte foi, et priant par le Saint-Esprit. Jude 20*

Ecoutez ce que l'apôtre Paul dit : *Car si je prie en langue mon esprit est en prière, mais mon intelligence demeure stérile. 1 Corinthiens 14:14*

Je rends grâce à Dieu de ce que je parle en langue plus que vous tous; 1 Corinthiens 14:18

CHAPITRE 7:
JE SUIS L'ETERNEL QUI TE GUERIT

Il dit : si tu écoutes attentivement la voix de l'Eternel, ton Dieu, si tu fais ce qui est droit à ses yeux, si tu prêtes l'oreille à ses commandements, et si tu observes toutes ses lois, je ne te frapperai d'aucune des maladies dont j'ai frappé les Egyptiens ; car je suis l'Eternel, qui te guérit. Exode 15:26

Dieu se présente à Israël en qualité de guérisseur. Et il fait ses ordonnances, pour que ses enfants soient toujours en bonne santé. De ces ordonnances, l'insistance est sur leur écoute et leur obéissance. Il est écrit *: Mais celui qui m'écoute reposera avec assurance, il vivra tranquille et sans craindre aucun mal. Proverbes 1:33*

Ne te prends pas pour un sage, révère l'Eternel et détourne-toi du mal. Ce sera une bonne médecine qui t'assurera la santé du corps et la vitalité de tout ton être. Proverbe 3:7-8(V. Semeur)
Les paroles de Dieu sont une bonne médecine. Écoutez-les régulièrement et pratiquez-les, ainsi elles assureront votre santé totale. Le plan de Dieu n'est pas que nous tombions toujours malades. Car il dit : Je ne te frapperai d'aucune des maladies dont j'ai frappé les Egyptiens. Ces paroles ne sont pas pour les Egyptiens, mais pour le peuple d'Israël, parce qu'il veut toujours voir son peuple en bonne santé, le louant et le servant. Gloire à Dieu !

Au commencement, lorsque Dieu a crée l'homme et la femme, ils les avaient créés en bonne santé et les avaient bénis. L'Egypte représente le monde. En Jésus-Christ nous sommes l'Israël spirituel.

Le Juif, ce ne pas celui qui en a les dehors ; et la circoncision n'est pas celle qui est visible dans la chair. Mais le Juif, c'est celui qui l'est intérieurement ; et la circoncision, c'est celle du cœur, selon l'Esprit et non selon la lettre. La louange de ce Juif ne vient pas des hommes, mais de Dieu. Romains 2:28-29

Car vous êtes tous fils de Dieu par la foi en Jésus-Christ ; vous tous, qui avez été baptisés en Christ, vous avez revêtu Christ. Il n'y a ni Juif ni Grec, il n'y a plus ni homme ni femme ; car tous vous êtes un en Jésus-Christ. Et si vous êtes à Christ, vous êtes donc la postérité d'Abraham, héritiers selon la promesse. Galates 3:26-29
La parole de Dieu fait de nous par la foi en Jésus le peuple de Dieu, les héritiers de Dieu et cohéritiers de Christ.

Or, si nous sommes enfants, nous sommes aussi héritiers : Héritiers de Dieu, et cohéritiers de Christ, si toutefois nous souffrons avec lui, afin d'être glorifiés avec lui. Romains 8:17
Dieu dit : Je suis l'Eternel qui te guérit.
Quelqu'un a dit : Les docteurs ne guérissent pas, mais ils assistent simplement la nature. Ils ne prétendent pas guérir, ils peuvent recoudre un endroit, mais ils ne peuvent pas le guérir. Ils peuvent replacer un os, mais ils ne peuvent pas le guérir. La guérison et la bonne santé sont notre héritage, et notre droit de naissance en Christ-Jésus.

Il existe une guérison Divine ; c'est-à-dire, qui vient de la puissance de Dieu et de sa parole. Le Seigneur Jésus-Christ a consacré une très grande partie de son ministère à la guérison des malades. Il était la parole faite chair au temps de la bible et aujourd'hui, il est la parole écrite, le remède de Dieu pour la guérison divine.

Il envoya sa parole et les guérit, il les fit échapper de la fosse. Psaumes 107:20
Vous savez comment Dieu à oint du Saint-Esprit et de force Jésus de Nazareth, qui allait de

lieu en lieu faisant du bien et guérissant tous ceux qui étaient sous l'empire du diable, car Dieu était avec lui. Actes 10:38

Jésus se rendit ensuite à la maison de Pierre, dont il vit la belle-mère couchée et ayant la fièvre. Il toucha sa main, et la fièvre la quitta ; puis elle se leva, et le servit. Le soir, on amena auprès de Jésus plusieurs démoniaques. Il chassa les esprits par sa parole, et il guérit tous les malades, afin que s'accomplit ce qui avait été annoncé par Esaïe, le prophète : il a pris nos infirmités, et il s'est chargé de nos maladies. Matthieu 8:14-17

La bible n'a pas dit : il se chargera de nos maladies, mais elle a dit : il s'est chargé de nos maladies. C'est un fait accomplit.
Cependant, ce sont nos souffrances qu'il a portées, c'est de nos douleurs qu'il s'est chargé ; et nous l'avons considéré comme puni, frappé de Dieu, et humilié. Mais il était blessé pour nos péchés, brisé pour nos iniquités ; le châtiment qui nous donne la paix est tombé sur lui, et c'est par ses meurtrissures que nous sommes guéris. Esaie 53:4-5
La guérison divine et la bonne santé nous appartiennent déjà.

L'ORIGINE DE LA MALADIE

En lisant les saintes écritures, nous comprenons que la maladie vient de Satan.
Et Satan se retira de devant la face de l'Eternel. Puis il frappa Job d'un ulcère malin, depuis la plante du pied jusqu'au sommet de la tête. Job 2:7 Ce n'était pas Dieu qui était l'auteur de la maladie de Job.

Lorsqu'ils furent arrivés près de la foule, un homme vint se jeter à genoux devant Jésus, et dit : Seigneur, aie pitié de mon fils, qui est lunatique, et qui souffre cruellement ; il tombe souvent dans l'eau. Je l'ai amené à tes disciples, et ils n'ont pas pu le guérir. Race incrédule et perverse, répondit Jésus, jusques à quand serai-je avec vous ? Jusques à quand vous supporterai-je ? Amenez-le-moi ici. Jésus parla sévèrement au démon, qui sortit de lui, et l'enfant fut guéri à l'heure même. Matthieu 17:14-18

Physiquement cet enfant était atteint de l'épilepsie, mais spirituellement c'était un démon qui le nuisait.

Et voici, il y avait là une femme possédée d'un esprit qui la rendait infirme depuis dix-huit ans ; elle était courbée, et ne pouvait pas du tout se redresser. Lorsqu'il la vit, Jésus lui adressa la parole, et lui dit : Femme, tu es délivrée de ton infirmité. Et lui imposa les mains. A l'instant elle se redressa, et glorifia Dieu. Mais le chef de la synagogue, indigné de ce que Jésus avait opéré cette guérison un jour de sabbat, dit à la foule : Il y a six jours pour travailler ; venez donc vous faire guérir ces jours là, et non pas le jour du sabbat. Hypocrites ! lui répondit le Seigneur, est-ce que chacun de vous, le jour du sabbat, ne détache pas de la crèche son bœuf ou son âne, pour le mener boire ? Et cette femme qui est la fille d'Abraham, et que Satan tenait liée depuis dix-huit ans, ne fallait-il pas la délivrer de cette chaine le jour du sabbat ? Luc 13:10-16

Pourquoi cette femme était-elle infirme ? Parce que pendant dix-huit ans Satan la tenait liée.

LA MALADIE EST AUSSI LIEE AU PECHE

Le péché : c'est la violation de la loi de Dieu. Les disciples ont posé une question à Jésus, lorsqu'ils ont vu un homme aveugle de naissance. Et cela prouve qu'une personne peut aussi

être malade à cause du péché.
Ses disciples lui firent cette question : Rabbi, qui a péché, cet homme ou ses parents, pour qu'il soit né aveugle ? Jean 9:2

Beaucoup des personnes sont malades aujourd'hui à cause du péché. Ils vivent, et fond de chose comme bon leur semble. Sans se rendre compte qu'il y a un Dieu. Les autres même pensent que Dieu n'existe pas et font tout ce qu'ils veulent.

Les insensés, par leur conduite coupable et par leurs iniquités, s'étaient rendus malheureux. Leur âme avait en horreur toute nourriture, et ils touchaient aux portes de la mort. Psaumes 107:17-18
Ces hommes étaient tellement malades au point où, ils n'arrivaient même pas à avaler quelque choses. Et la maladie les amenait à la mort. Tout ça, à cause de leur péché. Après la guérison de l'homme qui était malade durant 38 ans, Jésus lui a dit une parole qui prouve que sa maladie était causée par le péché.

Depuis, Jésus le trouva dans le temple, et lui dit : Voici, tu as été guéri ; ne pèche plus, de peur qu'il ne t'arrive quelque chose de pire. Jean 5:14
Quatre personne avaient amenés auprès de Jésus un homme paralysé, avant que Jésus ne guérisse son corps, il a commencé d'abord par pardonné ses péchés
Jésus voyant leur foi, dit au paralytique : Mon enfant, tes péchés sont pardonnés. Je te l'ordonne, dit-il au paralytique, lève-toi, prends ton lit, et va dans ta maison. Et, à l'instant, il se leva, prit son lit, et sortit en présence de tout le monde, de sorte qu'ils étaient tous dans l'étonnement et glorifiaient Dieu, disant : nous n'avons jamais vu de pareil. Marc 2:5 ; 11-12

Lorsque vous constatez, que vous êtes malade à cause de votre conduite coupable devant Dieu, repentez-vous et confessez vos péchés. En faisant cela vous ouvrez la porte de la guérison Divine dans votre vie.

Si nous confessons nos péchés, il est fidèle et juste pour les pardonner, et pour nous purifier de toute iniquité. 1 Jean 1:9
Jésus parcourait toute la Galilée, enseignant dans la synagogue, prêchant la bonne nouvelle du royaume, et guérissant toute maladie et toute infirmité parmi le peuple. Sa renommée se répandit dans toute la Syrie, et on lui amenait tous ceux qui souffraient de maladies et de douleurs de divers genres, des démoniaques, des lunatiques, des paralytiques ; et il les guérissait. Matthieu4:23-24

Dans ce passage, nous voyons quatre groupes de maladies :

- Les maladies infectieuses.
- Les possessions démoniaques.
- Les maladies mentales.
- Les maladies nerveuses

Peu importe les causes et le genre de maladie que les gens avaient été atteint, la bible dit : que Jésus les guérissait tous. (V. semeur)
Aujourd'hui encore, il guérit comme au temps de la bible. Parce qu'il est écrit : Jésus-Christ est le même hier, aujourd'hui et éternellement. Hébreux 13 :8

Comment recevoir la guérison divine?

☐ **Etre né de nouveau**

C'est-à-dire, recevoir dans son cœur le Seigneur Jésus comme Seigneur et Sauveur. 2corinthiens 5:17 Jésus lui répondit : *En vérité, en vérité, je te le dis, si un homme ne nait de nouveau, il ne peut voir le royaume de Dieu. Jean 3:3*

☐ **Par la foi dans la parole de Dieu**

La parole de Dieu est remplie de la puissance de Dieu pour la guérison de n'importe quelle maladie. Ayez foi dans ce que Dieu a dit pour votre santé. Car c'est la vérité.

A Lystre, se tenait assis un homme impotent des pieds, boiteux de naissance, et qui n'avait jamais marché. Il écoutait parler Paul. Et Paul, fixant les regards sur lui et voyant qu'il avait la foi pour être guéri, dit d'une voix forte : Lève-toi droit sur tes pieds. Et il se leva d'un bon et marcha. Actes 14:8-10

Paul n'a pas prier sur lui, il a vu la foi en lui, et ce jour là cet homme a marché. Jésus disait souvent aux gens : Qu'il te soit fait selon ta foi.

☐ **Par l'imposition des mains**

Voici les miracles qui accompagnerons ceux qui aurons cru : en mon nom, ils chasserons les démons ; ils parleront de nouvelle langues ; ils saisiront des serpents ; s'ils boivent quelque breuvage mortel, il ne leur fera point de mal ; ils imposeront les mains aux malades, et les malades, seront guéris. Marc 16:17-18

☐ **Par l'ordonnance de la guérison divine**

Quelqu'un parmi vous est-il malade ? Qu'il appelle les anciens de l'Eglise, et que les anciens prient pour lui, en l'oignant d'huile au nom du Seigneur. Jacques 5:14

☐ **Par la prière de la foi**

Votre propre prière aussi peut vous guérir, mais elle doit être une prière de foi

Tout ce que vous demanderez avec foi par la prière, vous le recevrez. Matthieu 21:22

La prière de la foi est une prière offerte à Dieu, dans laquelle la personne qui prie croit vraiment qu'elle recevra ce pour quoi elle prie.

TEMOIGNAGES

En 2009, lors d'une nuit de prière à Douala dans la salle de l'ancien cinéma Eden, le Seigneur s'est glorifié par plusieurs guérisons et délivrances. Il y avait un homme qui souffrait de la hernie pendant quatre ans. Ce dernier prenait des soins chez une tradipraticienne, mais sans suite favorable. Lorsqu'il est venu sur l'estrade pour la prière, j'ai imposé mes mains et prier sur lui. Instantanément la hernie a disparue. Le dimanche suivant, il est venu témoigner à l'église ce que Dieu avait fait pour lui en pleurant. Depuis ce jour, il persévère à l'église et la hernie n'a jamais réapparue.

Ce même jour, il y avait aussi une femme qui souffrait d'un mal à l'oreille pendant une année, le pus sortait de son oreille. Après la prière et l'imposition des mains, son oreille a guéri complètement jusqu'à ce jour.

En 1999, on avait un groupe de prière à Kinshasa (R.D.Congo) et on faisait une nuit de prière tous les jeudis. Un homme malade avait été invité par un ami, pour qu'on prie pour lui. Cet homme avait des poumons remplis d'eau, et ses artères étaient petites on devait les agrandir par une intervention chirurgicale. Lorsqu'il s'est placé devant l'estrade pour la prière, je lui ai demandé où est ce qu'il avait mal ? Il a répondu à la poitrine. J'ai imposé ma main sur sa poitrine, pendant que je priais, l'Esprit de Dieu m'a dit : de ne citer que le nom de Jésus. Chose que j'ai faite. Pendant les témoignages, ce frère a témoigné disant : pendant qu'on priait sur moi, j'ai senti une fraicheur dans ma poitrine, moi qui ne respirait pas bien, subitement j'ai commencé à bien respirer et je n'avais plus mal. On lui avait interdit de boire du lait par les médecins vu son état de santé, mais ce jour nous avons déjeuné ensemble et il a bu du lait sans problème.

Lors d'une émission à la radio dans la ville de Douala, une femme m'a suivie depuis la ville de Nkongsamba et avait pris notre adresse. De temps en temps elle venait dans nos réunions de prière ; lorsqu'elle devint enceinte, en faisant les examens, on l'a déclaré séropositive du VIH-SIDA. Elle est venue dans mon bureau en pleurant.

Lorsqu'elle m'a montré le résultat de ses examens, je lui ai dit : qu'elle n'avait pas le VIH-SIDA. Je lui ai demandé si elle sait pourquoi je lui ai dit qu'elle n'a pas ça ? Elle a dit non ! Je lui ai posé la deuxième question si elle a déjà accepté Jésus-Christ dans sa vie ? Elle a dit oui. Directement je lui dis : c'est pour cela que je t'ai dit que tu n'a pas cette maladie. Parce que la bible dit : si quelqu'un est en Christ, il est une nouvelle créature. Les choses anciennes sont passées ; voici, toutes choses sont devenues nouvelles. (2Corinthiens 5:17).

Je lui ai fait comprendre que même son sang était devenu nouveau. Elle m'a cru. Le médecin l'avait demandé de venir à Douala avec son mari pour refaire les examens. Elle avait fait trois jours de jeun et prière. Et mangeait que le soir à 18h00. Dans sa prière ; elle disait à Dieu, qu'elle n'est pas malade et revendiquait sa nouvelle naissance. Elle déclarait qu'elle a avec son mari, un sang nouveau. le troisième jour, elle est venue au bureau, j'ai prié en l'oignant d'huile au front. Elle est partie avec son mari faire l'examen du VIH, deux fois. Et on n'a plus trouvé en eux la maladie. Gloire à Dieu !

Nous avons beaucoup de témoignages de guérison divine au sein de l'Eglise, les personnes stériles qui ont pu avoir des enfants, et plusieurs autres signes miraculeux. Je préfère m'arrêter là. Il est écrit, je cite : Afin que s'accomplit ce qui avait été annoncé par Esaïe, le prophète : Il a pris nos infirmités, et il s'est chargé de nos maladies. Matthieu 8 :17

CHAPITRE 8:
L'ESPRIT SUPERIEUR

Supérieur : Veut dire, plus grand que, qui a une valeur, une qualité plus grande.
Et pharaon dit à ses serviteurs : trouverions-nous un homme comme celui-ci, ayant en lui l'esprit de Dieu ? Et Pharaon dit à Joseph : Puisque Dieu t'a fait connaitre toutes ces choses, il n y a personne qui soit aussi intelligent et aussi sage que toi. Je t'établis sur ma maison, et tout mon peuple obéira à tes ordres. Le trône seul m'élèvera au-dessus de toi. Genèse 41:38-40

Il mit à leur tête trois chefs, au nombre desquels était Daniel, afin que ces satrapes leur rendissent compte, et que le roi ne souffrit aucun dommage. Daniel surpassait les chefs et les satrapes, parce qu'il y avait en lui un esprit supérieur ; et le roi pensait à l'établir sur tout le royaume. Daniel 6:2-3

Joseph et Daniel n'ont pas vécu dans une même époque, et n'avaient pas une même profession. Mais l'Esprit de Dieu en eux, a apporté une distinction surnaturelle.

Concernant Joseph, le Pharaon a dit, trouverions-nous un homme comme celui-ci, ayant en lui l'Esprit de Dieu ? A propos de Daniel, il dit : Daniel surpassait les chefs et les satrapes, parce qu'il y avait en lui un Esprit supérieur. La version Semeur dit : Et bientôt, il se révéla plus capable que les deux autres ministres et tous les satrapes, parce qu'il y avait en lui un esprit extraordinaire. C'est pourquoi le roi, songeait à le mettre à la tête de tout l'empire.

L'Egypte ou Babylone, représente le monde. Nous voyons dans la bible l'infériorité et l'incapacité de l'esprit de ce monde face aux problèmes qu'avaient ces deux rois. Tous les magiciens et les sages d'Egypte étaient incapables de donner la solution au Pharaon.

Le matin, Pharaon eut l'esprit agité, et il fit appeler tous les magiciens et tous les sages de l'Egypte. Il leur raconta ses songes. Mais personne ne put les expliquer à Pharaon. Genèse 41:8
Les astrologues, les mages, les magiciens, les marabouts, n'ont pas pu donner au roi la solution. Par manque de l'Esprit supérieur. Mais Daniel par contre, a été capable de donner la solution à cause de l'Esprit extraordinaire qu'il avait. Dans Zacharie 4 :6, il est dit : *Alors il reprit et me dit : C'est ici la parole que l'Eternel adresse à Zorobabel : Ce n'est ni par la puissance ni par la force, mais c'est par mon esprit, dit l'Eternel des armées.*

Vous, petits enfants, vous êtes de Dieu, et vous les avez vaincus, parce que celui qui est en vous est plus grand que celui qui est dans le monde. 1 Jean 4:4
Celui qui est en vous, c'est-à-dire, l'Esprit qui est en nous, est plus puissant, plus grand que l'esprit qui inspire ce monde. Gloire à Dieu ! La bible dit, le monde entier est sous la puissance du malin. Nous, nous avons été pris du monde pour être citoyen du ciel. Le Seigneur Jésus a dit, nous sommes dans le monde, mais nous ne sommes pas du monde.

Mais Dieu, qui est riche en miséricorde, à cause du grand amour dont il nous a aimés, nous qui étions morts par nos offenses, nous a rendus à la vie avec Christ (c'est par grâce que vous êtes sauvés) ; il nous a ressuscités ensembles, et nous a fait asseoir ensemble dans les lieux célestes, en Jésus-Christ. Ephésiens 2: 4-6
Nous sommes assis dans les lieux célestes. L'Esprit supérieur n'est pas l'esprit de l'homme, mais c'est le Saint-Esprit.

LE SAINT-ESPRIT

Cependant je vous dis la vérité : il vous est avantageux que je m'en aille, car si je ne m'en vais pas, le consolateur ne viendra pas vers vous ; mais si je m'en vais, je vous l'enverrai. Jean 16:7-8
Les disciples étaient tristes au sujet de ce que le Seigneur leur disait. Au verset sept, il leur promet d'envoyer le consolateur. Le mot consolateur vient du mot grec paraclet et peut aussi être traduit par défenseur, aide, soutien, ou avocat. Le consolateur, c'est le Saint-Esprit.

Nous croyons qu'il n'avait pas donné l'Esprit-Saint aux disciples, pendant qu'il était avec eux, parce que lui-même était le Saint-Esprit.

Jésus a dit : *Voici je me tiens à la porte, et je frappe. Si quelqu'un entend ma voix et ouvre la porte, j'entrerai chez lui, je souperai avec lui, et lui avec moi. Apocalypse 3:20*
Il ne se tient pas à la porte physique, mais spirituelle. C'est la porte de notre cœur. Lorsqu'on écoute sa parole, c'est en ce moment là qu'il frappe. Si quelqu'un ouvre son cœur, pour le recevoir dans sa vie, alors il entre pour habiter en lui par son Esprit.

Si vous avez déjà reçu le Seigneur Jésus dans votre vie comme Seigneur et Sauveur, sachez que son Esprit est en vous. Beaucoup des croyants sont ignorants de l'Esprit de Dieu qui est en eux.

Ne savez-vous pas que votre corps est le temple du Saint-Esprit qui est en vous, que vous avez reçu de Dieu, et que vous ne vous appartenez point à vous-même ? 1 Corinthiens 6:19

Le Saint-Esprit n'est pas une force quelconque, ni une colombe. Mais il est une personne Divine. La troisième personne de la trinité. Le Saint-Esprit est une personne, car il a la connaissance, une volonté, des sentiments, il parle et agit.

De même aussi l'Esprit nous aide dans notre faiblesse, car nous ne savons pas ce qu'ils nous convient de demander dans nos prières. Mais l'Esprit lui-même intercède par des soupirs inexprimables ; et celui qui sonde les cœurs connait quelle est la pensée de l'Esprit, parce que c'est selon Dieu qu'il intercède en faveur des saints. Romains 8:26-27

L'Esprit de vérité, que le monde ne peut recevoir, parce qu'il ne le voit point, mais vous, vous le connaissez, car il demeure avec vous, et il sera en vous. Jean 14:17

Ayant été empêchés par le Saint-Esprit d'annoncer la parole dans l'Asie, ils traversèrent la Phrygie et le pays de Galatie. Arrivés près de la Mysie, ils se disposaient à entrer en Bithynie ; mais l'Esprit de Jésus ne leur permit pas. Actes 16:6-7

Et comme Pierre était à réfléchir sur la vision, l'Esprit lui dit : Voici, trois hommes te demande ; lève-toi, descend et pars avec eux sans hésiter, car c'est moi qui les ai envoyé. Actes 10:19-20

N'attristez pas le Saint-Esprit de Dieu, par lequel vous avez été scellés pour le jour de la rédemption. Comprenez que l'Esprit de Dieu ne tolère pas la désobéissance à Dieu. C'est ça qui l'attriste. Ephésiens 4:30

L'ONCTION DU SAINT-ESPRIT

L'onction du Saint-Esprit : c'est la puissance du Saint-Esprit. Autrement dit, la capacité surnaturelle d'opérer dans le domaine ministériel ou autre domaine. Pour mieux accomplir une œuvre, ou faire des exploits dans votre domaine, vous avez besoin de l'onction du Saint-Esprit.
Alors il reprit et me dit : C'est ici la parole que l'Eternel adresse à Zorobabel : Ce n'est ni par la puissance ni par la force, mais c'est par mon esprit, dit l'Eternel. Zacharie 4:6

Vous pouvez remplacez Zorobabel, par votre nom. Et réalisez que l'Eternel s'adresse à vous particulièrement. Comprenez que le Saint-Esprit n'est pas à côté de vous ni au ciel, mais au-dedans de vous. C'est lui qui peut vous rendre capable par sa puissance, à faire de chose pas comme d'habitude, ou comme tous le monde. Mais avec distinction.

Ne vous enivrez pas de vin : c'est de la débauche. Soyez, au contraire, remplis de l'Esprit. Ephésiens 5:18

Jésus, revêtu de la puissance de l'Esprit, retourna en Galilée, et sa renommée se répandit dans tout le pays d'alentour. Il enseignait dans les synagogues, et il était glorifié par tous. Il se rendit à Nazareth, où il avait été élevé, et, selon sa coutume, il entra dans la synagogue le jour du sabbat. Il se leva pour faire la lecture, et on lui remit le livre du prophète Esaïe. L'ayant déroulé, il trouva l'endroit où il était écrit : L'Esprit du Seigneur est sur moi, parce qu'il m'a oint pour annoncer une bonne nouvelle aux pauvres ; il m'a envoyé pour guérir ceux qui ont le cœur brisé, pour proclamer aux captifs la délivrance, et aux aveugles le recouvrement de la vue, pour renvoyer libres les opprimés, pour publier une année de grâce du Seigneur. Luc 4:14-19

Le Seigneur Jésus sur la terre, était à la fois homme et Dieu. Il avait une mission à accomplir, et pour que cette mission parvienne à son accomplissement total, il avait besoin de l'onction du Saint-Esprit. Au verset 14, il est dit : Jésus revêtu de la puissance de l'Esprit. A partir du verset 18 la bible atteste que le Saint-Esprit l'a oint pour exécuter sa mission. L'onction du Saint-Esprit chasse et tourmente les démons. Lorsque le Seigneur arrivait, souvent là où, il y avait les démons, ces derniers étaient tourmentés et criaient. Le Seigneur Jésus est notre modèle et référence.

Chacun dans son domaine d'activité, soit : ministérielle, professionnelle, scolaire, estudiantine, business, ménagère, maritale, etc. a besoin de l'onction du Saint-Esprit. Pour des exploits surnaturel, afin de marquer une différence exceptionnelle.

Moïse dit aux enfants d'Israël : Voyez, l'Eternel a désigné Betsaleel, fils d'Ouri, descendant de Hour, de la tribut de Juda. Il l'a rempli d'Esprit de Dieu qui lui confère habilité, intelligence et compétence pour exécuter toutes sortes d'ouvrages, pour concevoir des projets, pour travailler l'or, l'argent et le bronze, pour tailler des pierres à enchâsser, pour sculpter le bois de manière à réaliser toutes sortes d'ouvrages. Il lui a aussi accordé, de même qu'à Oholiab, fils d'Ahisamak de la tribut de Dan, le don d'enseigner sa technique à d'autres. Il les a doués d'habilité pour exécuter toutes sortes de travaux de sculpteur et de dessinateur, pour broder les fils de pourpre violette, de rouge éclatant et de lin, pour réaliser des travaux de toute sorte et concevoir des projets. Exode 35:30-35

Nous voyons dans ces passages, la manifestation de la puissance du Saint-Esprit dans la vie de Betsaleel et Oholiab. Cette puissance, les a donné la capacité surnaturelle de faire leurs travaux à une dimension élevée. L'onction du Saint-Esprit amène dans la vie d'une personne, la sagesse, l'intelligence, le savoir et la compétence. Betsaleel et Oholiab n'étaient pas des pasteurs, ni des chantres. Mais Dieu les a oints dans leurs domaines, pour qu'ils exécutent des travaux avec distinction et supériorité. Vous avez besoin de la puissance du Saint-Esprit, peu importe votre profession.

Quand vous êtes remplis du Saint-Esprit, ce dernier manifeste ses fruits en vous. C'est-à-dire ses qualités en vous, et exécute ses rôles (responsabilités) vis-à-vis de vous. Les qualités du Saint-Esprit sont décrites dans le livre de galates.

Mais les fruits de l'Esprit, c'est l'amour, la joie, la paix, la patience, la bonté, la bénignité, la fidélité, la douceur, la tempérance.
Galates 5:22

Le Saint-Esprit et son onction, ne fait pas de nous, des hommes hautains (orgueilleux). Mais par contre, il fait de nous des hommes aimant Dieu et nos prochains, des hommes joyeux, des hommes de paix, des hommes patients, des hommes bons, des hommes charitables, des hommes fideles à Dieu et aux autres engagements, des hommes doux, des hommes ayant la maitrise de soi.

VOICI QUELQUES ROLES DU SAINT-ESPRIT

Le Saint-Esprit à des responsabilisés vis-à-vis de nous, tels que :
Nous consoler, dans tous les domaines de nos vies.
Cependant je vous dis la vérité : il vous est avantageux que je m'en aille, car si je ne m'en vais pas, le consolateur ne viendra pas vers vous ; mais, si je m'en vais, je vous l'enverrai. Jean 16:7

Nous conduire, sur le chemin de la vie.
Quand le consolateur sera venu, l'Esprit de vérité, il vous conduira dans toute la vérité, car il ne parlera pas de lui-même, mais il dira tout ce qu'il aura entendu, et il vous annoncera les choses à venir. Jean 16:7

Nous convaincre, du péché, de la justice, et du jugement. Le Saint-Esprit est riche en matière de conviction. Il convainc en tout et pour
Et quand il sera venu, il convaincra le monde en ce qui concerne le péché, la justice, et le jugement. Jean 16:8

Nous enseigner. Il est capable de nous enseigner ce que l'école, la famille, le monde ne nous ont pas enseigné. *Mais le consolateur, l'Esprit-Saint, que le Père enverra en mon nom, vous enseignera toutes choses, et vous rappellera tout ce que je vous ai dit. Jean 14:26*

Nous révéler beaucoup de choses. Le Saint-Esprit est très riche dans le domaine de la révélation. Il est capable de révéler les choses à venir, pour nous aider à mieux se préparer.

Nous aider dans nos faiblesses. Il peut vous aider en toutes choses. *De même aussi l'Esprit nous aide dans notre faiblesse, car nous ne savons pas ce qu'il nous convient de demander dans nos prière mais l'Esprit lui-même intercède par des soupirs inexprimables.*
Romains 8:26

Le Saint-Esprit met en fuite nos ennemis.
On craindra le nom de l'Eternel depuis l'occident, et sa gloire depuis le soleil levant ; quand l'ennemi viendra comme un fleuve, l'esprit de l'Eternel le mettra en fuite. Esaie 59:19

Comment être rempli du Saint-Esprit?

1. En demandant par la foi dans la prière
Demandez-lui de vous oindre et recevez par la foi.
Et moi, je vous dis : Demandez, et l'on vous donnera ; cherchez, et vous trouverez ; frappez, et l'on vous ouvrira. Car quiconque demande reçoit, celui qui cherche trouve, et l'on ouvre à celui qui frappe. ***Luc 11:9-10***
Tu dresses devant moi une table, en face de mes adversaires ; tu oins d'huile ma tête, et ma coupe déborde. Psaumes 23:5

2. En ayant une bonne relation avec lui
Votre relation avec l'Esprit de Dieu, doit être bâtie sur ses responsabilités vis-à-vis de vous. Apprenez à l'adorer tout en vous basant sur ses responsabilités. Apprenez à l'adorer en esprit.

Mais l'heure vient, et elle est déjà venue, où les vrais adorateurs adoreront le père en esprit et en vérité ; car ce sont là les adorateurs que le père demande. Dieu est Esprit, et il faut que ceux qui l'adorent, l'adorent en esprit et en vérité. Jean 4:23-24
Adorer Dieu en esprit, c'est prier en langue.

CHAPITRE 9:
FAIRE DU BIEN A SOI-MEME

L'égoïsme ne doit pas être le partage d'un croyant. La parole de Dieu nous encourage d'être bons comme notre père céleste. L'égoïsme : c'est l'attachement excessif porté à soi même et à ses intérêts, au mépris des intérêts des autres. Il est dit, je cite *: Sache que, dans les derniers jours, il y aura des temps difficiles car les hommes seront égoïstes, amis de l'argent, fanfarons, hautains, ingrats, irréligieux. 2Timothée 3 :1-2*

La bible énumère certains nombres de comportements qui animeront les hommes au temps de la fin. Mais pour vous et moi, Jésus a dit : nous sommes dans le monde, mais nous ne sommes pas du monde. Gloire à Dieu !

Proverbes 11 :17 dit: *Faire du bien aux autres, c'est s'en faire à soi-même. (V. Semeur)*
Faire du bien aux autres, est une manière de le faire à soi-même. C'est semer dans sa propre vie une bonne semence. Dans la version Louis Second, il est dit *: L'homme bon fait du bien à son âme, mais l'homme cruel trouble sa propre chair.*

Faire du bien aux autres, doit toujours amener une satisfaction dans le cœur de celui qui le fait. A chaque fois que vous faites du bien à quelqu'un, sachez que c'est une bonne semence que vous semez dans votre propre vie. Et vous allez récolter.

ne vous y trompez pas : on ne se moque pas de Dieu. Ce qu'un homme aura semé, il le moissonnera aussi Galates 6:7
Ce que vous semez en bien ou en mal, vous le moissonnerez. Aussi longtemps que la terre subsistera, la loi des semailles et de la moisson ne cesseront point.

Vous vivez sur une terre qui a des principes qu'il faut à tout prix connaitre et appliquer. Chaque bien que vous faite à une personne, est considéré comme une semence semée. Non sur cette personne, mais plutôt sur vous-même. Gloire à Dieu !
Tant que la terre subsistera, les semailles et la moisson, le froid et la chaleur, l'été et l'hiver, le jour et la nuit ne cesseront point. Genèse 8:22

FAIRE DU BIEN AUX AUTRES EST UNE PREUVE D'AMOUR

Que vous aimez Dieu que vous ne voyez pas, et aussi le prochain que vous voyez. *Et nous avons de lui ce commandement : que celui qui aime Dieu, aime aussi son frère. 1Jean 4:21*
1Jean 3:16-18 *Nous avons connu l'amour, en ce qu'il a donné sa vie pour nous ; nous aussi, nous devons donner notre vie pour les frères. Si quelqu'un possède les biens du monde, et que, voyant son frère dans le besoin, il lui ferme ses entrailles, comment l'amour de Dieu demeure-t-il en lui ? Petits enfants, n'aimons pas en paroles et avec la langue, mais en actions et avec vérité. 1Jean 3:16-18*

Lorsque vous faites du bien, ne le faites pas avec l'intention de recevoir en retour plus tard, quelque chose de la personne que vous aidez. Faites-le simplement avec un cœur pur et avec joie.
Jésus reprit la parole, et dit : un homme descendait de Jérusalem à Jéricho. Il tomba au milieu des brigands, qui le dépouillèrent, le chargèrent de coups, et s'en allèrent, le laissant à demi mort. Un sacrificateur, qui par hasard descendait par le même chemin, ayant vu cet homme, passa outre. Un lévite, qui arriva aussi dans ce lieu, l'ayant vu, passa outre. Mais un samaritain, qui voyageait, étant venu là, fut ému de compassion lorsqu'il le vit. Il s'approcha, et banda des plaies en y versant de l'huile et du vin. Puis il le mit sur sa propre monture, le conduisit à une hôtellerie, et dit : aie soin de lui, et ce que tu dépenseras de plus, je te le

rendrai à mon retour. Le quel de ces trois te semble avoir été le prochain de celui qui était tombé au milieu des brigands ? C'est celui qui a exercé la miséricorde envers lui, répondit le docteur de la loi. Et Jésus dit : va, et toi fais de même. Luc 10:30-37
La compassion doit toujours caractériser chaque bien que vous faites à quelqu'un. Le samaritain n'agissait pas pour que cet homme pense à lui, quand il va se rétablir. Pas du tout ! Nous sommes à une époque, où la plus part des gens ne font du bien, qu'à ceux là qui peuvent en retour faire de même pour eux. Cela ne doit pas être notre partage.

Faisons le bien sans nous laisser gagner par le découragement. Car si nous ne relâchons pas nos efforts, nous récolterons au bon moment. Ainsi donc, tant que nous en avons l'occasion, faisons du bien à tout le monde, et en premier lieu à ceux qui appartiennent à la famille des croyants Galates 6:9-10 (V Semeur)

Vous devez bannir le découragement lorsque vous faites du bien aux autres. Que les gens soient reconnaissant ou pas, continuez à le faire. Parce que vous le faite à vous-même, et vous le récolterez au moment convenable. Il y a deux types de familles : la famille biologique et la famille spirituelle ou chrétienne. (Croyants) La bible recommande de faire du bien à tous sans exception. Que ce soit dans votre famille biologique, ou à n'importe qui. Mais en premier lieu à ceux qui appartiennent à la famille des croyants. C'est-à-dire, ceux qui ont reçus Jésus-Christ dans leurs vies comme Seigneur et Sauveur, et qui pratiquent la parole de Dieu.

Donnez, et il vous sera donné : on versera dans votre sein une bonne mesure, serrée, secouée et qui déborde ; Car on vous mesurera avec la mesure dont vous vous serez servis. Luc 6:38
Quand vous ne donnez pas, Vous vous bloquez vous-même. Le mieux serait d'être libéral.

Tel, qui donne libéralement, devient plus riche ; Et tel épargne à l'excès, ne fait que s'appauvrir. Proverbes 11:24

PRECHER LA PAROLE DE DIEU AUX AUTRES C'EST AUSSI FAIRE DU BIEN A SOI-MEME

Si vous êtes un prédicateur de l'évangile, comprenez que lorsque vous prêchez, enseignez, ou priez pour les autres de tout votre cœur, c'est faire du bien à soi-même. Cela amène en retour, un renouvellement de force divine en vous, et procure d'abondantes bénédictions spirituelles, physiques, et dans l'avenir la bénédiction matérielle. En plus la connaissance que vous avez de Dieu, va commencer à croitre.

L'âme bienfaisante sera rassasiée, et celui qui arrose sera lui-même arrosé. Dans la version Semeur, il est dit *: celui qui est généreux connaîtra l'abondance ; qui donne à boire aux autres sera lui-même désaltéré. Proverbes 11:25* N'oubliez pas que la parole de Dieu, est la source d'eau vive.

CARACTERES A NE PAS AVOIR OU A IMITER

Il y avait à Maon un homme fort riche, possédant des biens à Carmel ; il avait trois mille brebis et mille chèvres, et il se trouvait à Carmel pour la tonte de ses brebis. Le nom de cet homme était Nabal, et sa femme s'appelait Abigaïl ; C'était une femme de bons et belle de figure, mais l'homme était dur et méchant dans ses actions. Il descendait de Caleb.

David apprit au désert que Nabal tondait ses brebis. Il envoya vers lui dix jeunes gens, auxquels il dit : Montez à Carmel, et allez auprès de Nabal. Vous le saluerez en mon nom, et vous lui parlerez ainsi : pour la vie soit en paix, et que la paix soit avec ta maison et tout ce qui t'appartient ! Et maintenant, j'ai appris que tu as les tondeurs. Or tes bergers ont été avec nous ; nous ne leur avons fait aucun outrage, et rien ne leur a été enlevé pendant tout le temps qu'ils ont été à Carmel. Demande-le à tes serviteurs, et ils te le diront. Que ces jeunes gens trouvent donc grâce à tes yeux, puisque nous venons dans un jour de joie.

Donne donc, je te prie, à tes serviteurs et à ton fils David ce qui se trouvera sous ta main. Lorsque les gens de David furent arrivés, ils répétèrent à Nabal toutes ces paroles, au nom de David. Puis ils se turent. Nabal répondit aux serviteurs de David : Qui est David, et qui est le fils d'Isaï ? Il y a aujourd'hui beaucoup de serviteur qui s'échappent d'auprès de leurs maîtres. Et je prendrai mon pain, mon eau et mon bétail que j'ai tué pour mes tondeurs, et je les donnerais à des gens qui sont je ne sais d'où ? Les gens de David rebroussèrent chemin ; ils s'en retournèrent, et rendirent, à leur arrivée, toutes ces paroles à David. 1 Samuel 25:2-12

Les versets 36-38 dit: *Abigaïl arriva auprès de Nabal. Et voici, il faisait dans sa maison un festin comme un festin de roi ; il avait le cœur joyeux, et il était complètement dans l'ivresse. Elle ne lui dit aucune chose, petite ou grande, jusqu'à la lumière du matin. Mais le matin, l'ivresse de Nabal s'étant dissipée, sa femme lui raconta ce qui s'était passé. Le cœur de Nabal reçus un coup mortel, et devint comme une pierre. Environs dix jours après, l'Eternel frappa Nabal et il mourut.*

Cet homme de Nabal était très riche, mais aussi, si dur et si méchant. Son égoïsme l'a détruit de manière à perdre tout ce qu'il avait, et même son âme.

Et leur dit cette parabole : les terres d'un homme riche avaient beaucoup rapporté. Et il raisonnait en lui-même, disant : Que ferai-je ? Car je n'ai pas de place pour serrer ma récolte. Voici, dit-il, ce que je ferai : j'abattrai mes greniers, j'en bâtirai de plus grandes, j'y amasserai toute ma récolte et tous mes biens ; et je dirai à mon âme : Mon âme, tu as beaucoup de biens en réserve pour plusieurs années ; repose-toi, mange, bois, et réjouis-toi. Mais Dieu lui dit : Insensé ! Cette nuit même ton âme te sera redemandée ; et ce que tu as préparé, pour qui cela sera-t-il ? il en est ainsi de celui qui amasse des trésors pour lui-même, et qui n'est pas riche pour Dieu. Luc 12:16-21

Les terres de cet homme avaient beaucoup rapportée, mais son cœur n'avait aucun intérêt pour Dieu, ni pour les autres. Tout n'était que pour lui. Et Dieu lui dit insensé ! Cette nuit même ton âme te sera redemandée; et ce que tu as préparé, pour qui cela sera-t-il ? Soyez riche en bonnes œuvres.

A chaque fois que vous faites du bien aux autres, ne sonnez pas l'alarme. Ne faites pas la publicité des actions que vous faites aux gens. C'est votre secret avec Dieu.

Mais quand tu fais l'aumône, que ta main gauche ne sache pas ce que fais ta droite, afin que ton aumône se face en secret ; et ton père, qui voit dans le secret, te le rendra. Matthieu 6:3-4

CHAPITRE 10:
LES ANGES PROTECTEURS

Les anges existent. Il y a certaines choses dans ce monde qui existent cependant, elles ne sont pas perceptibles par l'œil humain. Par exemple le vent. Personne ne le voit, mais il existe.

Balaam se leva le matin, sella son ânesse, et partit avec le chef de Moab, la colère de Dieu s'enflamma, parce qu'il était parti; et l'ange de l'Eternel se plaça sur le chemin, pour lui résister. Balaam était monté sur son ânesse, et ses deux serviteurs étaient avec lui. L'ânesse vit l'ange de l'Eternel qui se tenait sur le chemin, son épée nue dans la main ; elle se détourna du chemin et alla dans les champs. Balaam frappa l'ânesse pour la ramener dans le chemin. L'ange de l'Eternel se plaça dans un sentier entre la vigne ; il y avait un mur de chaque côté. L'ânesse vit l'ange de l'Eternel ; elle se serra contre le mur, et pressa le pied de Balaam contre le mur. Balaam la frappa de nouveau.

L'ange de l'Eternel passa plus loin, et se plaça dans un lieu où il n'y avait point d'espace pour se détourner à droite ou à gauche. L'ânesse vit l'ange de l'Eternel, et elle s'abattit sous Balaam. La colère de Balaam s'enflamma, et il frappa l'ânesse avec un bâton. L'Eternel ouvrit la bouche de l'ânesse, et elle dit à Balaam : Que t'ai-je fait, pour que tu m'aies déjà frappé trois fois ? Balaam répondu à l'ânesse : c'est parce que tu t'es moquée de moi ; si j'avait une épée dans la main, je te tuerais à l'instant.

L'ânesse dit à Balaam : suis-je pas ton ânesse, que tu as de tout temps montée jusqu'à ce soir ? Ai-je l'habitude de te faire ainsi ? Et il répondit : Non. L'Eternel ouvrit les yeux de Balaam, et Balaam vit l'ange de l'Eternel qui se tenait sur le chemin, son épée nue dans la main ; et il s'inclina, et se prosterna sur son visage. Nombre 22:21-31

Nous comprenons dans ce texte que l'ânesse a vu l'ange de l'Eternel, mais Balaam bien qu'il avait les yeux ouverts n'avait pas vu l'ange de l'Eternel. Ce n'est pas parce qu'il n'avait pas vu, que l'ange n'était pas là. C'est plus tard que Dieu lui ouvra les yeux, et il a vu l'ange de l'Eternel. Les anges existent et sont réels, on peut les voir si seulemen Dieu nous ouvre les yeux. Gloire à Dieu !

L'ange en grec angelos, Le verbe correspond à ce nom signifie : délivrer un message. Cela veut dire qu'un ange est un messager. En parlant des anges la bible dit : *Ne sont-ils pas tous des esprits au service de Dieu, envoyés pour exercer un ministère en faveur de ceux qui doivent hériter du salut ? Hébreux 1 :14*

Les anges ne sont pas des êtres humains, mais des esprits et peuvent prendre des formes humaines. La bible nous donne plusieurs exemples des apparitions physiques des anges. La version parole vivante dit : *Ces sont des esprits ayant diverses fonctions au service de Dieu. Ils sont envoyés en mission par lui pour aider ceux qui vont hériter le salut.*
C'est-à-dire, ils sont envoyés en mission pour nous qui avons cru à la bonne nouvelle de Jésus-Christ.

Dans ce chapitre, je ne fais pas une étude sur les fonctions générales des anges. Mais je veux seulement attirer votre attention sur l'une des fonctions des anges, qui est de protéger le croyant. Protéger : c'est mettre quelqu'un, quelque chose à l'abri du dommage, du danger.

Gardez-vous de mépriser un seul de ces petits ; car je vous dis que leurs anges dans les cieux voient continuellement la face de mon père qui est dans les cieux. Matthieu 18:10
Qui sont ces petits ? C'est vous et moi. Jésus à dit leurs anges dans les cieux. Ce passage confirme qu'il ya des anges de Dieu qui sont à notre service.

L'église primitive croyait à l'existence et au ministère des anges

Après avoir réfléchi, il se dirigea vers la maison de Marie, mère de Jean, surnommé Marc, où beaucoup de personnes étaient réunies et priaient. Il frappa à la porte du vestibule, et une servante, nommée Rhode, S'approcha pour écouter. Elle reconnu la voix de pierre ; et, dans sa joie, au lieu d'ouvrir, elle courut annoncer que Pierre était devant la porte. Ils lui dirent : tu es folle. Mais elle affirma que la chose était ainsi. Et ils dirent : C'est son ange. Cependant Pierre continuait à frapper.ils ouvrirent, et furent étonnés de le voir. Actes 12:12-16

Il est écrit au verset 16 : qu'ils dirent c'est son ange. Je crois que l'église primitive, savait que chaque croyant avait son ange. C'est la vérité parce que les anges de Dieu sont à notre service.

LA PROTECTION ET LA DELIVRANCE FAIT PARTIE DU SERVICE DES ANGES

Ces deux passages de psaumes vont nous éclairer là-dessus. *L'ange de l'Eternel campe autour de ceux qui le craignent, et il les arrache au danger. Psaumes 34:8*
Car il ordonnera à ses anges de te garder dans toutes tes voies ; ils te porteront sur les mains, de peur que ton pied ne heurte contre une pierre. Psaumes 91:11-12

Dans les psaumes 34, la bible indique 2 choses que l'ange de l'Eternel accompli, dans la vie du croyant qui marche spécialement dans la crainte de Dieu

Premièrement : Il campe autour du croyant.
Camper, c'est établir un camp, ou s'installer provisoirement. Donc l'ange de l'Eternel établi son camp autour de vous qui craignez son nom. Dans la version semeur, il est dit : il monte la garde autour de ceux qui le révèrent. Dans la version des peuples la bible dit : l'ange du Seigneur campe et fait la ronde tout autour de ceux qui le craignent. Vous n'avez pas besoin de voir cet ange, mais plutôt de croire à ce que Dieu dit dans sa parole.

Deuxièmement : Il arrache le croyant au danger.
Arracher, c'est enlever quelque chose de force à quelqu'un ou à un animal. L'Eternel envoie toujours son ange nous délivrer du filet de l'oiseleur. La délivrance de Dieu n'a pas de limite, C'est à tout le niveau. Son ange peut vous délivrez de problème spirituel, physique, matériel et financière, etc...
Dans la version Jérusalem il est dit : l'ange de l'Eternel les dégage. Gloire à Dieu ! Dans les psaumes 91, il est dit : l'ange de l'Eternel a reçu l'ordre de vous gardez dans toutes vos voies.

Garder, c'est surveiller quelqu'un, un animal pour le protéger, prendre soin de lui, veiller sur lui. L'ange de l'Eternel campe et fait la ronde tout autour de celui qui craint le Seigneur pour le protéger. Le protéger dans toutes les voies pures qu'il entreprend dans la vie. Ceci est le partage de chaque croyant qui craint l'Eternel.

QUELQUES EXEMPLES BIBLIQUES DES INTERVENTIONS DES ANGES

- (Ex. d'Elisée) *L'un de ses serviteurs répondit : personne ! Ô roi mon seigneur ; mais Elisée, le prophète, qui est en Israël, rapporte au roi d'Israël les paroles que tu prononces dans ta chambre à couché. Et le roi dit : Allez et voyez où il est, et je le ferai prendre. On vint lui dire : Voici, il est à Dothan.*

Il y envoya des chevaux, des chars et une troupe, qui arrivèrent de nuit et qui enveloppèrent la ville. Le serviteur de l'homme de Dieu se leva de bon matin et sortit ; et voila, une troupe entourait la ville, avec des chevaux et des chars. Et le serviteur dit à l'homme de Dieu : Ah ? Mon seigneur, comment feront-nous !

Il répondit : Ne crains point, car ceux qui sont avec nous sont en plus grand nombre que ceux qui sont avec eux. Elisée pria, et dit : Eternel, ouvre ses yeux, pour qu'il voit. Et l'Eternel ouvrit les yeux du serviteur, qui vit la montagne pleine de chevaux et de chars de feu autour d'Elisée. 2 Rois 6:12-17

Elisée savait que les anges de Dieu veillaient sur eux, quand bien même ils étaient entourés par l'armée Syrienne. Voila pourquoi il n'avait pas peur de ce qu'il voyait physiquement. Mais son serviteur ne voyait aucune protection sur eux. Ce n'est pas parce que vous ne voyez pas la présence physique des anges, qu'ils n'existent pas ou qu'ils ne font pas leurs services en notre faveur. Pas du tout ! Ils existent et sont vraiment réels. La bible est la parole de Dieu, et Dieu ne ment point.

- (Ex. de Daniel) *Alors le roi donna l'ordre qu'on amenât Daniel, et qu'on le jetât dans la fosse aux lions. Le roi prit la parole et dit à Daniel : puisse ton Dieu, que tu sers avec persévérance, te délivrer !*

On apporta une pierre, et on la met sur l'ouverture de la fosse ; le roi scella de son anneau et de l'anneau des grands, afin que rien ne fut changé à l'égard de Daniel. Le roi se rendit ensuite dans son palais ; il passa la nuit à jeun, il ne fit point venir de concubine auprès de lui, et il ne put se livrer au sommeil.

Le roi se leva au point du jour, avec l'aurore, et il alla précipitamment à la fosse aux lions. En s'approchant de la fosse, il appela Daniel d'une voix triste. Le roi prit la parole et dit à Daniel, serviteur du Dieu vivant, ton Dieu, que tu sers avec persévérance, a-t-il pu te délivrer des lions

Et Daniel dit au roi : Roi, vis Eternellement ? Mon Dieu a envoyé son ange et fermé la gueule des lions, qui ne m'ont fait aucun mal, parce que j'ai été trouvé innocent devant lui ; et devant toi non plus, ô roi, je n'ai rien fait de mauvais. Alors le roi fut très joyeux, et il ordonna qu'on fit sortir Daniel de la fosse. Daniel fut retiré de la fosse, et on ne trouva sur lui aucune blessure, parce qu'il avait eu confiance en son Dieu. Daniel 6:16-23

L'ange de l'Eternel avait protégé Daniel contre les griffes et les crocs de lions, parce que ce dernier craignait Dieu. Il est dit : on ne trouva sur lui aucune blessure, parce qu'il avait eu confiance en son Dieu. Gloire à Dieu !

- (ex.de pierre) *Pierre donc était gardé dans la prison ; et l'église ne cessait d'adresser pour lui des prières à Dieu. La nuit qui précéda le jour où Hérode allait le faire comparaître, Pierre, lié de deux chaines, dormait entre deux soldats ; et des sentinelles devant la prison. L'ange réveilla Pierre, en disant : Lève-toi promptement ! Les chaines tombèrent de ses mains. Et l'ange lui dit : Mets ta ceinture et tes sandales. Et il fit ainsi. L'ange lui dit encore :Enveloppe-toi de ton manteau, et suis-moi.*

Pierre sortit, et le suivit, ne sachant pas que ce qui se faisait par l'ange fut réel, et s'imaginant avoir une vision. Lorsqu'ils eurent passé la première garde, puis la seconde, ils arrivèrent à la porte de fer qui mène à la ville, et qui s'ouvrit d'elle-même devant eux ;

ils sortirent, et s'avancèrent dans une rue. Aussitôt l'ange quitta Pierre. Revenu à lui-même, Pierre dit : Je vois maintenant d'une manière certaine que le Seigneur a envoyé son ange, et qu'il m'a délivré de la main d'Hérode et de tout ce que le peuple juif attendait. Actes 12:5-11

Pierre était lié et enchainé, mais cela n'a pas empêché l'ange de l'Eternel de procéder à son service. Au verset 11, Pierre dit : Je vois maintenant d'une manière certaine que le Seigneur a envoyé son ange, et il m'a délivré de la main d'Hérode et de tout ce que le peuple juif attendait. La bible enseigne que l'ange ne vous protège pas seulement, mais aussi, il vous arrache au danger. Il l'a fait pour Pierre et peut le faire exactement dans votre vie.

- (Ex.de Josué) *Comme Josué était près de Jéricho, il leva les yeux, et regarda. Voici, un homme se tenait debout devant lui, son épée nue dans la main. Il alla vers lui, et lui dit : Et-tu des nôtres ou de nos ennemis ? Il répondit : Non, mais je suis le chef de l'armée de l'Eternel, j'arrive maintenant. Josué tomba le visage contre terre, se prosterna, et lui dit : qu'est-ce que mon seigneur dit à son serviteur ? Et le chef de l'armée de l'Eternel dit à Josué : Ote tes souliers de tes pieds, car le lieu sur lequel tu te tiens est saint. Et Josué fit ainsi.Josué 5:13-15*

L'ange de l'Eternel était avec Josué pour le protéger tout au long de sa mission, et aussi pour le garder dans toutes ses voies.

- (Ex. de Moise) *Voici, j'envoie un ange devant toi, pour te protéger en chemin, et pout te faire arriver au lieu que j'ai préparé. Exode 23:20*

Notons :
Que nous ne pouvons pas prier ni adorer les anges. Les anges n'ont pas le quatre attributs divins, que le Père, le fils et le Saint-Esprit possèdent.

Répétez avec moi cette prière :
Merci Père céleste pour les services des anges en ma faveur au nom de Jésus-Christ.

MIX
Papier aus verantwortungsvollen Quellen
Paper from responsible sources
FSC® C105338

Printed by Books on Demand GmbH, Norderstedt / Germany